GEORGE STUBBS DE MAN • HET PAARD • DE OBSESSIE

Lea van der Vinde

George Stubbs

DE MAN • HET PAARD • DE OBSESSIE

Mauritshuis Den Haag
MK Gallery Milton Keynes
Waanders Uitgevers Zwolle

INHOUD

Voorwoord

George Stubbs (1724-1806) behoort tot de belangrijkste achttiende-eeuwse Britse kunstenaars. Toch is hij in Nederland, anders dan bijvoorbeeld Reynolds, Gainsborough en Turner, nagenoeg onbekend. Wij zijn daarom verheugd om met de tentoonstelling *George Stubbs – De man, het paard, de obsessie* (20 februari – 1 juni 2020) zijn werk bij het Nederlandse publiek te mogen introduceren. Een primeur, want niet eerder werd er in Nederland een tentoonstelling aan deze verrassende kunstenaar gewijd.

Stubbs was een meesterlijk paardenschilder en het is dit aspect van zijn kunstenaarschap waar de tentoonstelling in het Mauritshuis de nadruk op legt. Hoewel Stubbs ook mensen en tal van andere diersoorten heeft vereeuwigd – waaronder exotische dieren zoals leeuwen, apen en een neushoorn – waren het zijn verbluffend naturalistische portretten van paarden waarmee hij zich als kunstenaar onderscheidde. Hóe hij dit niveau wist te bereiken is minstens zo interessant: als een ware 'kunstenaar-wetenschapper' legde Stubbs zich toe op de wetenschappelijke bestudering van de anatomie van het paard. Zijn eigenhandig uitgevoerde anatomische ontledingen resulteerden zelfs in een wetenschappelijke publicatie: *The Anatomy of the Horse* (1766). Stubbs kan met recht een man van de 'Verlichting' worden genoemd: in zijn leven en werk komen de werelden van kunst en wetenschap op intrigerende wijze samen.

Het hoogtepunt in de tentoonstelling is ongetwijfeld Stubbs' meesterwerk *Whistlejacket* uit de National Gallery in Londen, dat voor het eerst op het Europese vasteland te zien is. Het is een schilderij met impact: een levensgroot portret van een steigerend paard tegen een lege achtergrond. Stubbs maakte het in opdracht van Lord Rockingham, een van zijn belangrijkste en welvarendste opdrachtgevers. In de tentoonstelling zijn nog drie schilderijen te zien die Stubbs voor deze Rockingham schilderde. Andere schilderijen tonen portretten van de mooiste en snelste paarden van aristocraten uit de kring van Rockingham, voor wie Stubbs in de jaren 1760 werkte. Dit was duidelijk de interessantste periode in zijn carrière: de kunstenaar bereikte in korte tijd een ongekend niveau en verkende thema's binnen de paardenschilderkunst waarop hij de rest van zijn lange loopbaan zou terugvallen. Voor de tentoonstelling is daarom gekozen om de focus op deze cruciale periode uit Stubbs' oeuvre te leggen.

Naast de levensechte paardenportretten is er speciale aandacht voor Stubbs' anatomische tekeningen: indringende studies van paarden in verschillende stadia van ontleding, die hij omstreeks 1756-1758 maakte ter voorbereiding op zijn boek. Deze tekeningen, en exemplaren van *The Anatomy of the Horse*, worden getoond met een wel heel bijzonder bruikleen: het skelet van het paard Eclipse. Hij was het beroemdste en snelste renpaard van de achttiende eeuw en werd tijdens zijn leven door Stubbs geportretteerd – een zeldzame voorbereidende *Studie van Eclipse* is eveneens in de tentoonstelling opgenomen.

De intensieve manier waarop Stubbs zich bezighield met het paard was uniek in zijn tijd. Zijn anatomische studies waren baanbrekend en het paard bleef tot het eind van zijn lange leven – Stubbs werd 81 jaar oud – een centrale rol in zijn oeuvre spelen. Zijn obsessieve toewijding aan de kunst en de natuur lag ten grondslag aan zijn unieke weergave van paarden. Vandaar ook het verrassende laatste woord in de ondertitel van onze tentoonstelling: *De man, het paard, de obsessie*.

Waarom deze tentoonstelling in het Mauritshuis? Niet alleen introduceren we hiermee de man, het paard én de obsessie, maar het oeuvre van Stubbs biedt ook een nieuw perspectief op thema's die we kennen van de zeventiende-eeuwse Hollandse kunstwerken in het Mauritshuis, zoals Rembrandts *Anatomische les van Dr Nicolaes Tulp*, de levensgrote *Stier* van Paulus Potter en het werk van de paardenschilder Philips Wouwerman, aan wie het museum in 2009-2010 een overzichtstentoonstelling wijdde. Tien jaar later is het nu de beurt aan de belangrijkste paardenschilder van de achttiende eeuw.

Deze tentoonstelling is het resultaat van een nauwe samenwerking met MK Gallery in het Verenigd Koninkrijk, waar eerder met een bredere selectie de belangrijkste overzichtstentoonstelling van Stubbs' werk van de afgelopen 35 jaar te zien was: *George Stubbs: 'all done from Nature'*. Wij zijn MK Gallery zeer dankbaar voor de unieke samenwerking. Dankzij Anthony Spira, directeur, en zijn medesamenstellers Paul Bonaventura en Martin Postle, is een uitzonderlijk overzicht van Stubbs' oeuvre bijeengebracht.

Lea van der Vinde heeft als tentoonstellingsconservator zorg gedragen voor de tentoonstelling in het Mauritshuis, en deze begeleidende publicatie. De tekstredactie was in handen van Dorine Duyster. Koehorst in 't Veld verzorgde de vormgeving van de tentoonstelling, Gert Jan Slagter tekende voor het ontwerp van de catalogus, die werd uitgegeven door Waanders Uitgevers te Zwolle.

Bijzondere dank zijn wij verschuldigd aan onze genereuze bruikleengevers, zonder wie de tentoonstelling niet mogelijk zou zijn geweest. Dat *Whistlejacket* bij hoge uitzondering vanuit Londen mocht reizen is te danken aan de ruimhartigheid van The National Gallery. Andere bruikleengevers, van openbare instellingen tot particuliere verzamelaars, hebben allemaal maar liefst een halfjaar afstand moeten nemen van hun kunstschatten. Het is een eer om deze werken voor enkele maanden in het Mauritshuis te mogen tonen. De tentoonstelling is mede tot stand gekomen dankzij de genereuze steun van de Stichting Vrienden van het Mauritshuis, de BankGiro Loterij, Nationale-Nederlanden, onderdeel van NN Group, en de Dutch Masters Foundation. Voor de verzekering werd indemniteit verkregen van het Ministerie van Onderwijs, Cultuur en Wetenschap via de Rijksdienst voor het Cultureel Erfgoed.

Voor mij persoonlijk is dit een 'bittersweet' moment: de laatste tentoonstelling in het Mauritshuis waarbij ik nauw betrokken ben geweest en een project dat via mijn persoonlijke contacten is ontstaan. Ik ben ervan overtuigd dat onze bezoekers even gefascineerd zullen raken door de magistrale paardenschilderijen van Stubbs als ik was toen ik ze voor het eerst zag, en hoop innig dat deze bijzondere kunstenaar een grotere bekendheid zal krijgen in Nederland.

Emilie Gordenker, oud-directeur Mauritshuis

STUBBS' MEMOIRES

Deze krijtstudie maakte Ozias Humphry (1742-1810) in 1777 als voorbereiding op een geschilderd portret van zijn goede vriend George Stubbs. Met zelfverzekerde blik kijkt Stubbs de toeschouwer indringend aan. Het is dankzij Humphry dat we relatief veel weten over het uitzonderlijke leven van Stubbs. Twintig jaar na het maken van deze tekening stelde hij een manuscript samen, gebaseerd op gesprekken met de toen 73-jarige Stubbs, waarin deze terugblikte op zijn leven. De memoires waren niet direct bedoeld voor publicatie en zijn later bewerkt en aangevuld, onder andere met toevoegingen van Stubbs' levenspartner Mary Spencer. Hoewel de herinneringen niet overal even betrouwbaar zijn, is het manuscript van groot belang: het is de beste contemporaine bron over het leven van Stubbs en de basis van elke biografie over de kunstenaar.

George Stubbs, kunstenaar-wetenschapper

George Stubbs werd op 25 augustus 1724 in Liverpool geboren, negen maanden na het huwelijk van Mary Lathwait en John Stubbs, een tussenhandelaar in leer. George hielp als kind mee in de werkplaats van zijn vader. Het werk bestond hoofdzakelijk uit het behandelen en kleuren van dierenhuiden; het leerlooien (het echte vuile werk) was daarvoor al gedaan. Hoewel hier geen gegevens over bewaard zijn gebleven, is het aannemelijk dat George daarnaast ook naar school ging. De jongen bleek een talent voor tekenen te hebben. Een buurman leende hem botten van dieren om thuis na te tekenen. Stubbs' levenslange interesse in de combinatie van kunst en anatomie werd zo al vroeg gelegd.

Eerste jaren

Op zijn zestiende wist Stubbs het zeker: hij wilde schilder worden. Zijn vader had gehoopt dat zijn oudste zoon hem op zou volgen in het familiebedrijf. Maar de jongen was vastberaden, een karaktereigenschap die hem zijn gehele leven zou typeren, en zijn vader ging overstag. De plaatselijke kunstenaar Hamlet Winstanley (1698-1756) zou hem het schildersvak kunnen leren. Winstanley werkte voor de graaf van Derby, voor wie hij kopieën maakte van de schilderijencollectie in Knowsley Hall. Het idee was dat Stubbs tegen een bescheiden vergoeding kon helpen bij het maken van de kopieën. Het statige huis van de graaf, met de rijk gedecoreerde en met kunstvoorwerpen gevulde ruimtes, moet een grote indruk hebben gemaakt op de zestienjarige, die waarschijnlijk voor het eerst de wereld van de adel binnenstapte. Hij liet zich door de pracht en praal echter niet intimideren en stelde ambitieus voor te beginnen met een groot werk dat werd toegeschreven aan Anthony van Dyck en Frans Snijders: een allegorie op kunst en wetenschap. Maar Winstanley, die dit schilderij al jaren eerder in prent had gebracht, had dit nu juist voor zichzelf gereserveerd. Hetzelfde geschiedde met Stubbs' tweede keuze. Prompt was de maat

Hamlet Winstanley
(kopie naar 'Van Dyck' en 'Snyders') *Amor Scientiarum*, c.1728
Ets, 29,1 x 21,7 cm. Haarlem, Teylers Museum

vol – eigengereid als hij was, wilde hij niets meer met Winstanley te maken hebben. Bovendien besloot de kunstenaar in spe om vanaf dat moment alleen nog de natuur zelf (en dus geen schilderijen) te bestuderen, in zijn eentje, zonder de hulp van wie dan ook. Het debacle werd zo een levensvormend moment dat – in positieve zin – zijn weerslag had op de gehele carrière van Stubbs.

Portrettist

Niets lijkt Stubbs ervan te hebben weerhouden om zijn droom waar te maken. In zijn verdere tienerjaren ontwikkelde hij zich als autodidact. Naast schilderen bleef hij geïnteresseerd in anatomie en voerde hij, waarschijnlijk thuis, ontledingen uit op hazen en honden. Van Stubbs' vroegste schilderijen is voor zover bekend niets bewaard gebleven, maar de spaarzame details over zijn prille carrière maken duidelijk dat hij zich positioneerde als portrettist. Dit was ongetwijfeld een pragmatische keuze, want door de grote vraag naar portretten viel in dit genre ook daadwerkelijk iets te verdienen. Hij reisde voor opdrachten naar de plaatsen Wigan en Leeds, en had korte tijd een aanstelling als tekenleraar aan de Heath Academy for Young Gentlemen, waar hij zijn leerlingen onderwees in perspectief.

Dat Stubbs als jonge twintiger al een behoorlijk ervaren portrettist was, maakt zijn vroegst bekende schilderij direct duidelijk. Het dubbelportret van Sir Henry Nelthorpe en zijn echtgenote Elizabeth Branston uit c.1746 is ambitieus van opzet. Hoewel misschien geen virtuoos werk, laat de grote aandacht waarmee de kleding is weergegeven – het glanzende satijn van Elizabeths jurk en het warme ve-

George Stubbs
Sir Henry Nelthorpe en zijn tweede echtgenote Elizabeth, c.1746
Doek, 122 x 183 cm. Trustees of Lt Roger Sutton Nelthorpe Will Trust

lours van het kostuum van Henry – zien hoe nauwkeurig Stubbs de werkelijkheid observeerde en wist te vertalen naar het doek. Na de dood van haar echtgenoot in datzelfde jaar bleef Lady Nelthorpe een belangrijke opdrachtgever van Stubbs.

Menselijke anatomie

Dankzij zijn succes als portretschilder kon Stubbs het zich financieel permitteren om zich te verdiepen in anatomie. Omstreeks 1744 vestigde hij zich in York, waar kort daarvoor het York County Hospital was geopend. Dit ziekenhuis bood gratis zorg voor de armen en er werd medisch onderwijs gegeven. Stubbs kreeg zijn eerste lessen in de menselijke anatomie van de jonge chirurg Charles Atkinson (c.1720-1783), met wie hij bevriend raakte. De lichamen voor anatomisch onderzoek waren van ter dood veroordeelde misdadigers, net zoals dat ook al in de zeventiende eeuw gebrui-

Leonardo da Vinci
Studie van het linker voorbeen van een paard, met afmetingen, c.1490-1492
Loodstift, pen in bruine inkt, 25 x 18,7 cm. Londen, Royal Collection Trust

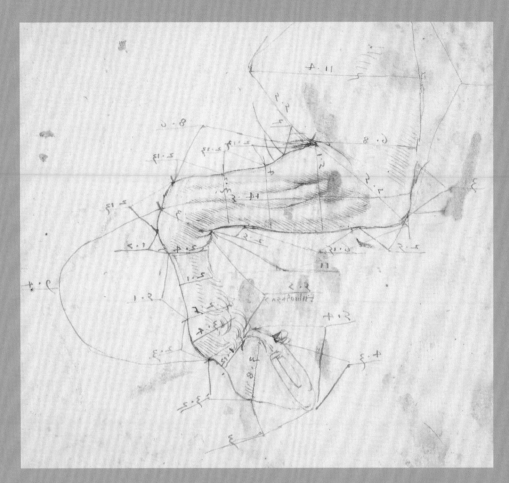

'LEONARDO OF LIVERPOOL'

Stubbs wordt in Engeland ook wel de 'Leonardo of Liverpool' of 'Liverpudlian Leonardo' genoemd. De vergelijking tussen Stubbs en Leonardo da Vinci, misschien wel de belangrijkste kunstenaar aller tijden, lijkt potsierlijk. Op artistiek gebied zijn deze kunstenaars immers ver van elkaar verwijderd. Maar in toewijding, experimenteerdrift en onaflatende interesse in de natuur in het algemeen en de anatomie in het bijzonder, zijn er wel degelijk raakvlakken. Leonardo heeft zich eveneens intensief beziggehouden met de bestudering van paarden, die hij waarschijnlijk ook zelf ontleed heeft. Het eigenhandig uitvoeren van anatomische ontledingen door een kunstenaar is exceptioneel in de kunstgeschiedenis – Leonardo en Stubbs zijn hier de belangrijkste voorbeelden van.

Er is wel verondersteld dat Leonardo's anatomische studies in de Engelse Royal Collection een inspiratiebron voor Stubbs zijn geweest. De bladen bevinden zich sinds de late zeventiende eeuw in deze collectie, maar het is vrijwel uitgesloten dat Stubbs deze studies heeft gezien vóór hij zelf actief werd in de anatomie.

Rembrandt
De anatomische les van Dr Nicolaes Tulp, 1632
Doek, 169,5 x 216,5 cm. Den Haag, Mauritshuis

kelijk was, getuige bijvoorbeeld Rembrandts *Anatomische les van Dr Nicolaes Tulp*. Een significant verschil is echter dat Stubbs ook zélf het scalpel ter hand nam.

De chirurg Atkinson spoorde Stubbs aan om ook zelf anatomisch onderwijs aan studenten te geven. Zijn kennis en artistieke talent kwamen onder de aandacht van John Burton, een medeoprichter van het ziekenhuis in York die eerder in Leiden bij de befaamde Herman Boerhaave had gestudeerd. Met zijn verhandeling *An Essay towards a Complete New System of Midwifery* hoopte Burton een nieuw standaardwerk voor vroedvrouwen op de markt te brengen. Goede illustraties waren daarbij essentieel. Stubbs maakte tekeningen en olieverfschetsen van foetussen in de baarmoeder, de meeste gebaseerd op door Burton uitgevoerde ontledingen, enkele op zijn eigen dissecties. Het gruwelijke gerucht ging dat sommige lichamen niet op legale wijze waren verkregen, maar geroofd werden op begraafplaatsen. Stubbs leek zich vooral zorgen te maken over een ander aspect: Burton stond erop dat hij zijn tekeningen zou omzetten in prenten, maar hij had hier geen enkele ervaring in. Burton drong echter zo sterk aan dat hij besloot om het zichzelf te leren. Met wat tips van een kennis en geleende materialen van een klokkenmaker ging hij aan de slag. Het resultaat was verre van perfect en daar was Stubbs zich ten volle van bewust: hij signeerde de platen niet en zijn naam is nergens terug te vinden in Burtons publicatie uit 1751.

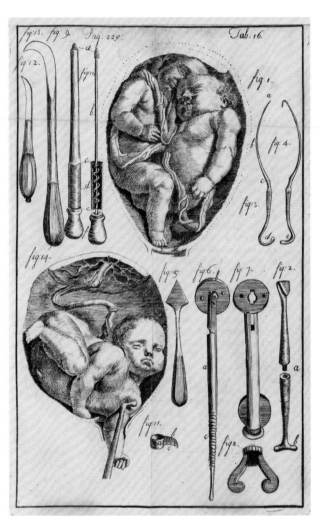

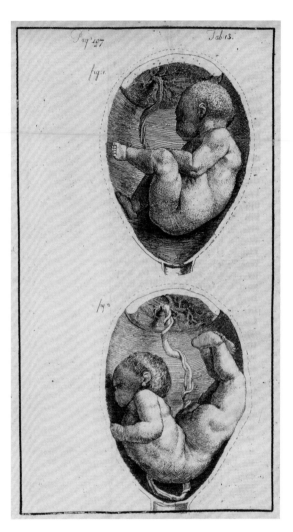

George Stubbs
Een tweeling in de baarmoeder en instrumenten, 1751
Ets, 20,5 x 13,5 cm. Londen, Royal College of Physicians
Uit: J. Burton, *An Essay towards a Complete New System of Midwifery*, Londen 1751

George Stubbs
Een foetus in een stuitligging (boven) en
een foetus in een denkbeeldige positie (onder), 1751
Ets, 20,5 x 13,5 cm. Londen, Royal College of Physicians
Uit: J. Burton, *An Essay towards a Complete New System of Midwifery,*
Londen 1751

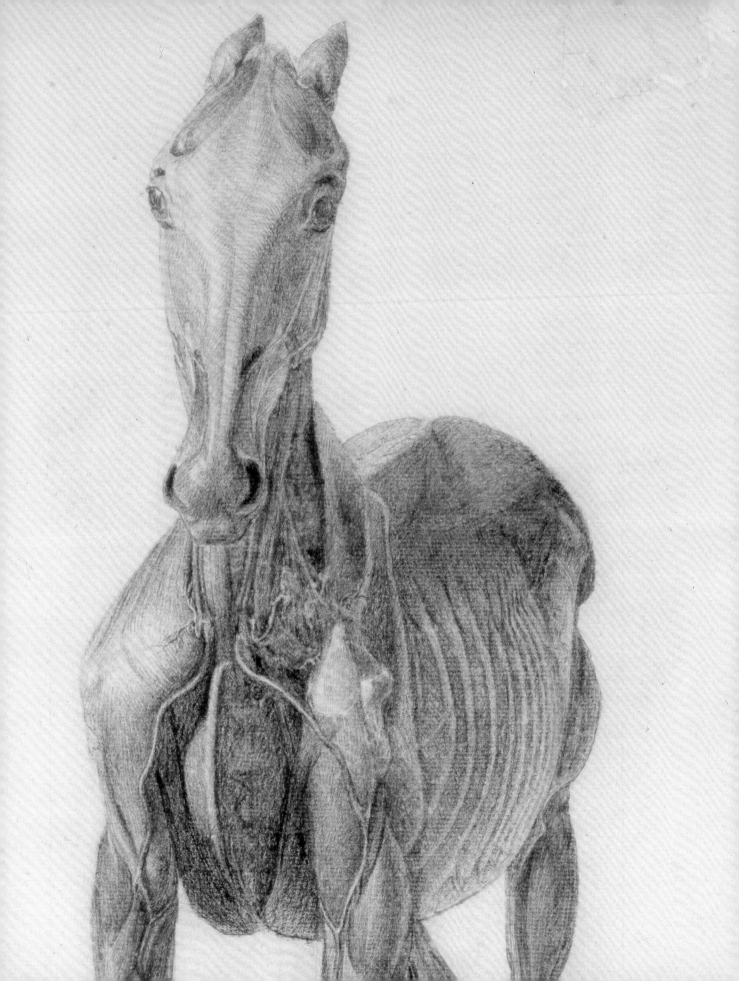

The Anatomy of the Horse

In York moet Stubbs op het idee zijn gekomen om zich te richten op de bestudering van de anatomie van het paard. Die keuze is niet verrassend, want naast de mens was het paard het enige dier waaraan eerder exclusief anatomische publicaties waren gewijd. Het belangrijkste werk op dat gebied was echter alweer bijna anderhalve eeuw oud: *Dell'Anatomia et dell'Infirmità del Cavallo* van Carlo Ruini uit 1598. Dit rijk met houtsneden geïllustreerde boek bleef tot ver in de zeventiende eeuw het uitgangspunt voor alle kennis van de anatomie van het paard (zie p. 16). Ook voor Stubbs was het een bron van informatie en inspiratie, al beantwoordde het boek niet meer aan de achttiende-eeuwse wetenschappelijke standaard. Dit bood Stubbs, die niet terugdeinsde voor een flinke uitdaging, een uitgelezen kans zich te profileren.

Stubbs pakte zijn studie op een systematische wijze aan, in lijn met de belangrijkste anatoom van zijn tijd, de Leidse professor Bernhard Siegfried Albinus (1697-1770). Diens meesterwerk *Tabulae sceleti et musculorum corporis humani* uit 1747, dat reeds in 1749 in een eerste Engelse vertaling verscheen, zal Stubbs zeker hebben gekend. Deze verhandeling over de anatomie van het menselijk lichaam, met de nadruk op het skelet en het spierstelsel, was een ware sensatie – niet in het minst vanwege de indrukwekkende illustraties.

De ontledingen in Horkstow

Stubbs zal zich gerealiseerd hebben dat hij een ambitieus project opstartte, dat veel tijd en toewijding ging kosten, en dus ook geld. Voor de meeste mensen genoeg reden om er niet eens aan te beginnen – maar niet voor Stubbs. Vermoedelijk met steun van zijn eerdere opdrachtgever Lady Elizabeth Nelthorpe (zie p. 10) vond hij in 1756 de noodzakelijke ruimte en rust op een boerderij met

Charles Crignion naar ontwerp van Jan Wandelaar
Vooraanzicht van een spierman (vierde orde), met de neushoorn Clara, 1747
Gravure, 54 x 48 cm. Bethesda, National Library of Medicine
Uit: B. Albinus, *Tabulae sceleti et musculorum corporis humani,*
Londen 1749

Anoniem
De spieren van het paard, 1598
Houtsnede, 32 x 22,5 cm. Bethesda, National Library of Medicine
Uit: C. Ruini, *Dell'Anatomia et dell'Infirmità del Cavallo*, Venetië 1598

een grote schuur in het gehucht Horkstow in noordelijk Lincolnshire. Hoewel hij had gerekend op assistentie van Atkinson en diens studenten, bleef deze hulp jammerlijk achterwege. Toch was Stubbs in de anderhalf jaar dat hij in Hokstow werkte niet alleen – hij werd vergezeld door Mary Spencer (overleden in 1817), die zijn verdere leven zijn partner was. De twee bleven altijd ongehuwd, al volgden er wel kinderen. Dit persoonlijke deel van Stubbs' leven blijft tot op heden in nevelen gehuld.

In zijn door Ozias Humphry genoteerde memoires geeft Stubbs een gedetailleerde en onverbloemde beschrijving van zijn werkmethode bij de ontleding van paarden. Hierdoor weten we dat de paarden speciaal voor de ontledingen werden gedood. Dat is geen verrassing, aangezien het in de achttiende eeuw onmogelijk was om paarden die een natuurlijke dood waren gestorven, gekoeld te bewaren en te vervoeren. Stubbs kocht daarom (veelal oude) paarden, waarvan, nadat ze dood waren gebloed, de aders en zenuwen werden geïnjecteerd met een was-achtige vloeistof om zo hun natuurlijke vorm te behouden. Het paard werd vervolgens met haken aan een metalen staaf gehangen, die aan het plafond van de werkplaats was bevestigd. De hoeven rustten op een horizontale plank, waardoor het paardenlichaam een staande houding kreeg.

Stubbs werkte gemiddeld zes tot zeven weken aan één kadaver. Hij startte de ontleding met de spierlagen in het onderlichaam tot het borst- en buikvlies, waarna hij de ingewanden verwijderde en weggooide. Hierna volgden andere lichaamsdelen, zoals het hoofd, waarvan hij de huid voorzichtig verwijderde en vervolgens laag voor laag de spieren prepareerde tot aan de schedel. Van elke spierlaag maakte hij zorgvuldige tekeningen en beschrijvingen – meestal was hij een hele dag bezig met één spierlaag.

De bewaard gebleven studies geven een indrukwekkend beeld van Stubbs' toewijding en nauwkeurigheid. De schoonheid van de tekeningen maakt het moeilijk voor te stellen onder wat voor spartaanse condities ze zijn ontstaan. Die omstandigheden leken de kunstenaar overigens niet te deren – zo zou hij ongevoelig zijn geweest voor de stank. Passend bij het beeld van de kunstenaar die zich als een monnik aan zijn werk wijdt, is de gematigde levensstijl die Stubbs in deze periode ontwikkelde: hij stond heel vroeg op, ging op tijd naar bed, maakte lange wandelingen, at weinig en dronk alleen water.

George Stubbs
Studie voor 'De Eerste Anatomische Tabel van het Skelet van het Paard: zijaanzicht', c.1756-1758
Zwart krijt, 36,1 x 48,3 cm. Londen, Royal Academy of Arts (legaat van Charles Landseer RA, 1879)

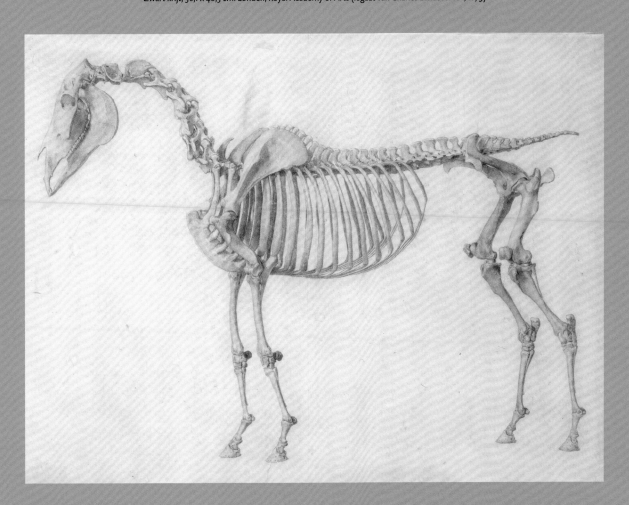

MET ZORG GEMAAKT EN BEWAARD

Van Stubbs' anatomische tekeningen zijn 42 bladen bewaard gebleven. Achttien tekeningen zijn verfijnd uitgewerkte studies die het uitgangspunt vormden voor de gedetailleerde etsen die Stubbs in de daaropvolgende jaren maakte voor zijn publicatie *The Anatomy of the Horse*. Ze zijn opgezet volgens een vast stramien: het profiel van het paard, een aanzicht van voren en een aanzicht van achteren, waarbij het lijkt alsof het paard loopt. Deze 'levendige' houding zal deels geïnspireerd zijn geweest op het boek van Ruini uit 1598 (zie hiernaast). De overige 24 bladen zijn werktekeningen; deze zijn op wisselend formaat, schetsmatig van opzet en voorzien van aantekeningen. De werktekeningen zijn tijdens de ontledingen vervaardigd;

de uitgewerkte studies zal Stubbs later, onder comfortabeler omstandigheden, hebben gemaakt.

De tekeningen zijn levenslang in Stubbs' bezit gebleven en werden in 1817 geveild uit de nalatenschap van zijn partner Mary Spencer. De Britse kunstenaar Edwin Landseer (1802-1873) wist er uiteindelijk de hand op te leggen. De unieke tekeningen moeten een grote zeggingskracht hebben gehad voor Landseer, die zelf ook een anatomisch onderlegde dierenschilder was, onder meer van paarden. De tekeningen kwamen vervolgens in bezit van zijn broer Charles, die ze in 1879 naliet aan de Royal Academy of Arts in Londen. Hier bevinden Stubbs' anatomische studies zich nog altijd.

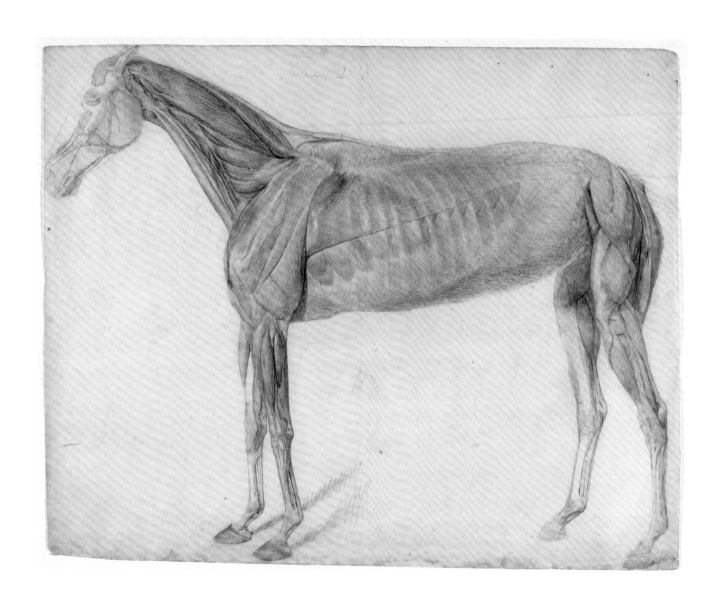

George Stubbs
Werktekening voor 'De Tweede Anatomische Tabel van de Spieren [...] van het Paard', c.1756-1758
Potlood, rood krijt, rode en bruine inkt, 48,4 x 61 cm. Londen, Royal Academy of Arts (legaat van Charles Landseer RA, 1879)

George Stubbs
Studie voor 'De Vierde Anatomische Tabel voor de Spieren [...] van het Paard: de diepe spieren blootgelegd en het hoofd aanzienlijk ontleed', c.1756-1758
Potlood en zwart krijt, 36,2 x 49,5 cm. Londen, Royal Academy of Arts (legaat van Charles Landseer RA, 1879)

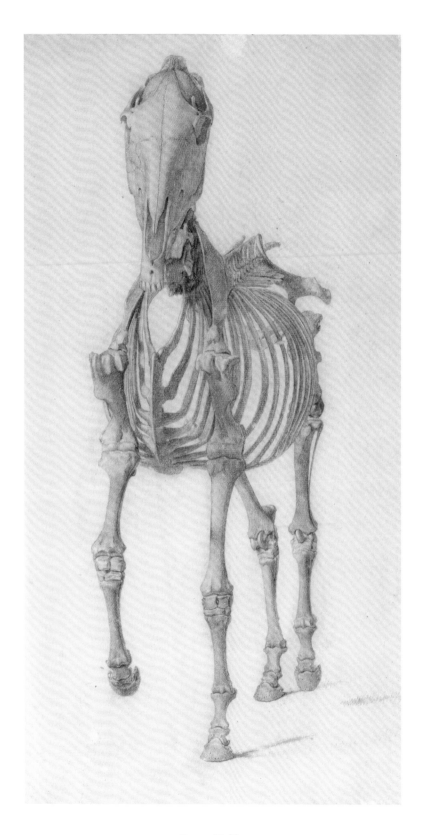

George Stubbs
Studie voor 'De Tweede Anatomische Tabel van het Skelet van het Paard: vooraanzicht', c.1756-1758
Potlood en zwart krijt, 35,6 x 18,4 cm. Londen, Royal Academy of Arts (legaat van Charles Landseer RA, 1879)

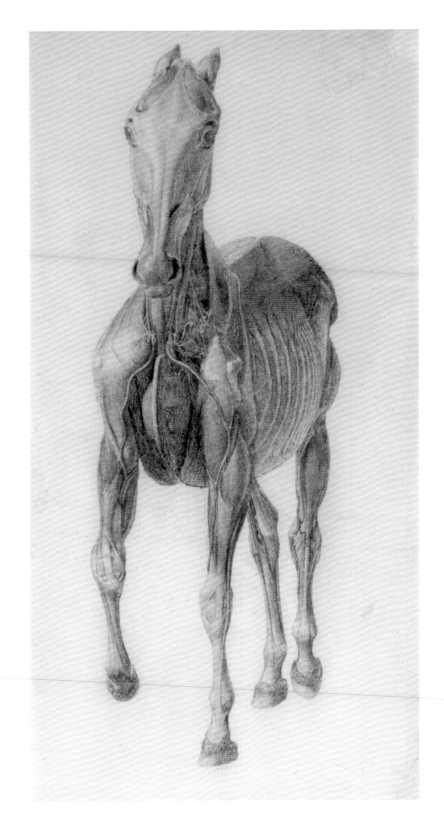

George Stubbs

Studie voor 'De Achtste Anatomische Tabel voor de Spieren [...] van het Paard: oppervlakkige spieren ontleed om delen van het onderliggende skelet te onthullen; ribben, borstbeen en halsaders aan de basis van de nek nu duidelijk', c.1756-1758

Potlood en zwart krijt, 35,5 x 18,4 cm. Londen, Royal Academy of Arts (legaat van Charles Landseer RA, 1879)

George Stubbs
Studie voor 'De Zesde Anatomische Tabel voor de Spieren [...] van het Paard: de eerste
van de dissecties in vooraanzicht, met huid en weefsel verwijderd', c.1756-1758
Zwart krijt, 35,9 × 19 cm. Londen, Royal Academy of Arts (legaat van Charles Landseer RA, 1879)

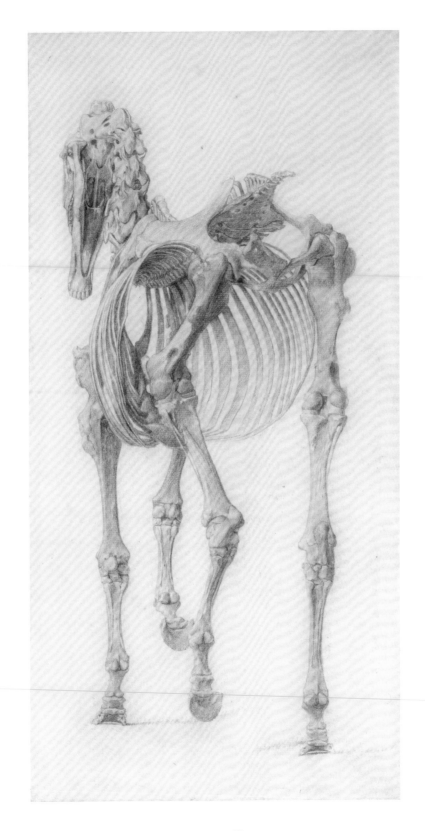

George Stubbs
Studie voor 'De Derde Anatomische Tabel van het Skelet van het Paard: achteraanzicht', c.1756-1758
Potlood, 35,4 x 18 cm. Londen, Royal Academy of Arts (legaat van Charles Landseer RA, 1879)

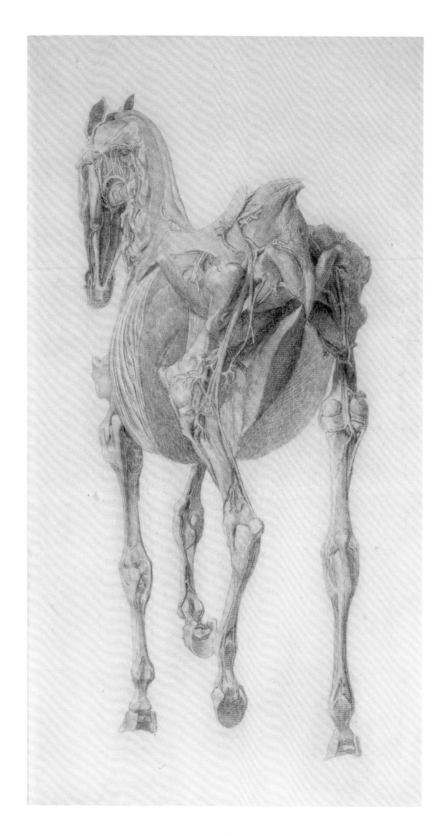

George Stubbs
Studie voor 'De Vijftiende Anatomische Tabel voor de Spieren [...] van het Paard:
de diepste spieren en gewrichtsbanden', c.1756-1758
Potlood, 36,2 x 19,1 cm. Londen, Royal Academy of Arts (legaat van Charles Landseer RA, 1879)

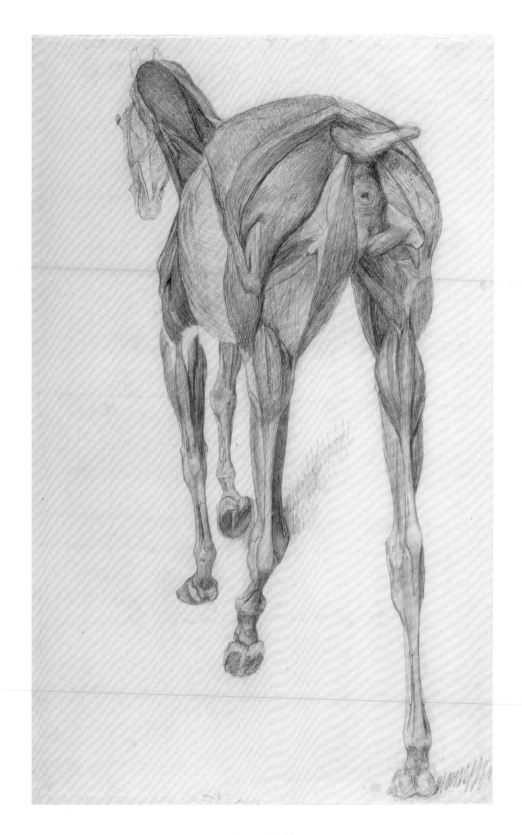

George Stubbs
Werktekening voor 'De Dertiende Anatomische Tabel voor de Spieren [...] van het Paard', c.1756-1758
Potlood, zwart en rood krijt, 47 x 29,2 cm. Londen, Royal Academy of Arts (legaat van Charles Landseer RA, 1879)

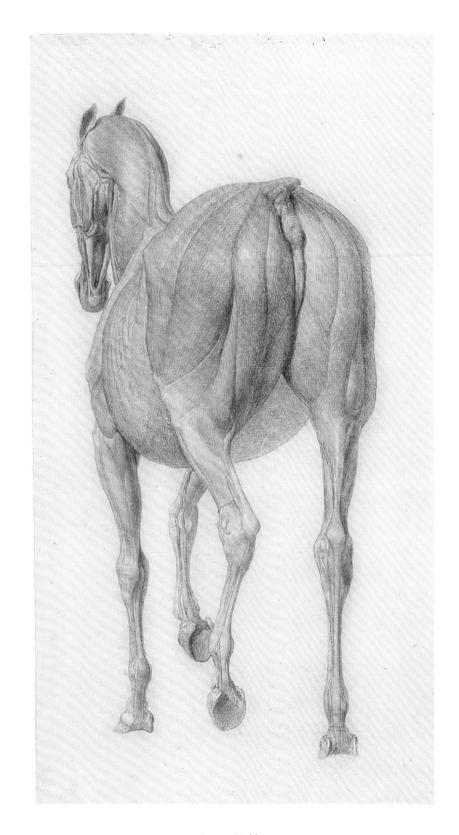

George Stubbs
Studie voor 'De Twaalfde Anatomische Tabel voor de Spieren [...] van het Paard:
de oppervlakkige spieren, die kracht geven aan de achterbenen, blootgesteld ', c.1756-1758
Potlood en zwart krijt, 36,5 x 20 cm. Londen, Royal Academy of Arts (legaat van Charles Landseer RA, 1879)

'all done from Nature'

Het beoogde resultaat van de achttien intensieve maanden in Horkstow was een wetenschappelijke verhandeling met perfecte illustraties. Hoewel Stubbs met zijn eerdere opdracht voor John Burton al wat ervaring had opgedaan met etsen, was hij zich ervan bewust dat hij op dit vlak niet het vereiste technische niveau had. Omstreeks 1758 reisde Stubbs met zijn pak tekeningen naar Londen, waar hij contact zocht met vooraanstaande prentmakers. Stuk voor stuk wezen ze de opdracht af – opnieuw was Stubbs op zichzelf aangewezen. Het perfectioneren van zijn etstechniek en de uitvoering van de platen bleek een tijdrovend project dat de kunstenaar moest zien te combineren met zijn eerste opdrachten als paardenschilder. Om overdag ongestoord te kunnen schilderen, reserveerde hij de (vroege) ochtend- en (late) avonduren voor zijn werk aan de boekillustraties.

Het verbluffende resultaat van dit harde werk was het ruim 50.000 woorden tellende en van achttien illustraties voorziene *The Anatomy of the Horse*. Het werd in 1766 – tien jaar nadat Stubbs aan zijn project was begonnen – gepubliceerd. Het laatste deel van de ondertitel van deze baanbrekende verhandeling luidt 'all done from Nature' – woorden die beschouwd mogen worden als Stubbs' artistieke levensmotto. Eveneens veelzeggend is dat hij zijn naam op de titelpagina specificeert als 'George Stubbs, Painter'. Anatomische wetenschap en kunstenaarschap komen in dit boek op sublieme wijze samen. In zijn voorwoord licht Stubbs zijn beweegredenen tot het maken van het boek toe. Het hoofddoel was dat het een nuttig referentiewerk voor collegaschilders zou worden. Om deze reden had hij zich beperkt tot de bestudering van de spieren, pezen en het skelet – de delen van de anatomie die van belang zijn voor kunstenaars. Vanwege het wetenschappelijke niveau was het boek echter ook geschikt voor anatomen, dierenartsen en allerhande paardenliefhebbers.

George Stubbs
'De Vierde Anatomische Tabel van de Spieren […] van het Paard: zijaanzicht', 1766
Ets, 48 x 60 cm. Illustratie uit: G. Stubbs, *The Anatomy of the Horse. Including A particular Description of the Bones, Cartilages, Muscles, Fascias, Ligaments, Nerves, Arteries, Veins and Glands. In Eighteen Tables, all done from Nature*, Londen 1766

The Anatomy of the Horse was een succes, ook in (internationale) wetenschappelijke kringen. Zo ontving Stubbs een zeer complimenteuze brief van de Nederlandse anatoom, arts en natuurwetenschapper Petrus Camper (1722-1789). Hij was ervan onder de indruk hoe Stubbs zowel de beschrijvingen als de illustraties volledig zelfstandig had uitgevoerd, iets wat zeer uitzonderlijk was voor een anatomische publicatie. Hij sprak de – ijdele – hoop uit dat de kunstenaar misschien ooit ook een vergelijkbare verhandeling zou maken over de organen van het paard.

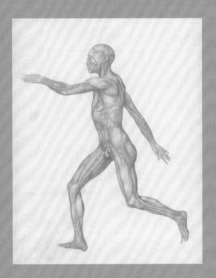  

A COMPARATIVE ANATOMICAL EXPOSITION

Stubbs bleef de rest van zijn leven geïntrigeerd door anatomie. Op zijn oude dag zou hij een nieuw anatomisch project opstarten: *A Comparative Anatomical Exposition of the Structure of the Human Body, with that of a Tiger and Common Fowl.* Stubbs had een geïllustreerde publicatie voor ogen waarin de anatomie van een mens, een tijger en een kip met elkaar vergeleken worden. Dit soort vergelijkende anatomische studies speelden een belangrijke rol in de achttiende-eeuwse wetenschapsbeoefening en hadden tot doel om de gelijkenissen en verschillen tussen diersoorten te onderzoeken. Stubbs werkte van 1795 tot aan zijn dood in 1806 aan dit ambitieuze project, dat hij niet heeft kunnen voltooien, maar waarvan vijftien prenten en meer dan 120 tekeningen bewaard zijn gebleven.

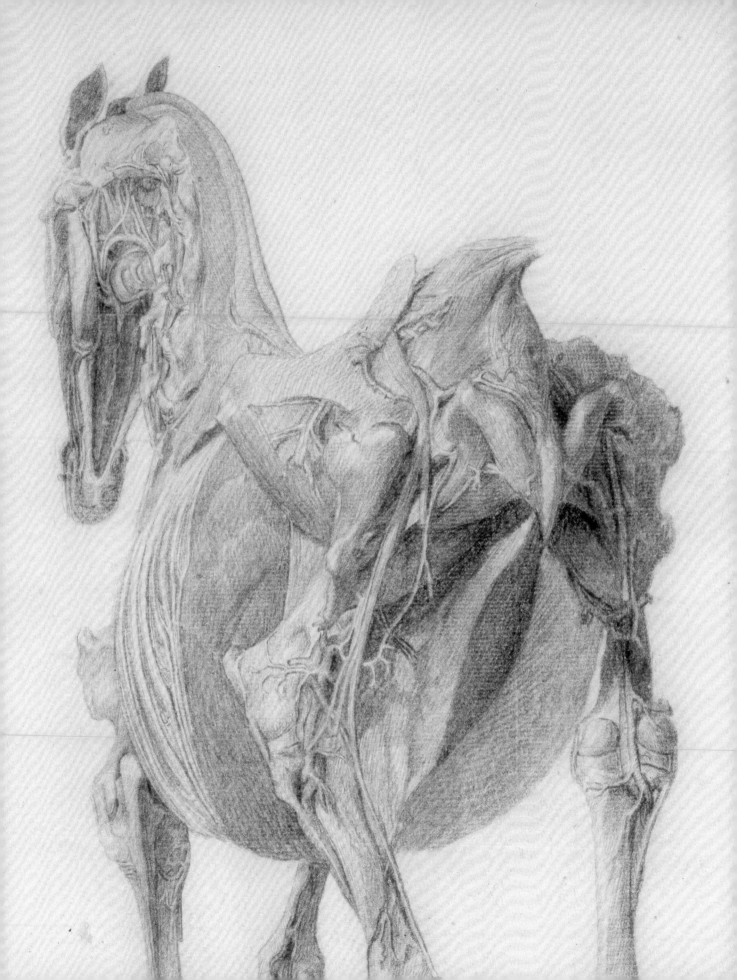

Portrettist van paarden

De menselijke fascinatie voor het paard is minstens zo oud als de schilderkunst zelf – denk bijvoorbeeld aan de beroemde prehistorische grotschilderingen van wilde paarden in de grotten van Lascaux en Chauvet-Pont d'Arc in Frankrijk. Maar ook in de recentere schilderkunst speelt het paard met regelmaat een glansrol. De band tussen mens en paard is eeuwenoud: paarden waren immers onmisbaar in de landbouw, als vervoermiddel, maar ook in de oorlogvoering.

In de Europese schilderkunst zijn de majestueuze ruiterportretten van Anthony van Dyck, Peter Paul Rubens en Diego Velázquez absolute hoogtepunten. Sommige kunstenaars specialiseerden zich zelfs in het schilderen van paarden, zoals de Hollander Philips Wouwerman (1619-1668), wiens werk in Stubbs' tijd bijzonder populair was onder Britse verzamelaars. Dit hing samen met de voorliefde voor Hollandse schilderkunst in het achttiende-eeuwse Engeland, maar ongetwijfeld ook met de onderwerpskeuze. Paardensport – met name rensport en jacht te paard – speelde een grote rol in de Engelse cultuur. Adellijke families bezaten landgoederen met paardenstallen en soms ook eigen paardenfokkerijen en renbanen. Het paard werd in de achttiende eeuw een statussymbool en figureerde als zodanig op schilderijen. Dankzij Stubbs bereikte het genre zelfs een ongekend niveau.

Philips Wouwerman
'De aankomst in de stal', c.1660-1670
Paneel, 43 x 58,8 cm. Den Haag, Mauritshuis

Paardenschilders

Wat Stubbs' schilderijen van paarden zo bijzonder maakt, ook in vergelijking met het werk van een zeventiende-eeuwse kunstenaar als Wouwerman, is dat hij levensechte portretten van bestaande paarden schilderde, die voor hun eigenaar direct herkenbaar waren. Stubbs mag met recht de belangrijkste paardenportrettist uit de kunstgeschiedenis worden genoemd, al was hij zeker niet de eerste. Het paardenportret was reeds een gevestigd sub-genre in de Britse kunsttraditie. Veelzeggend is een publicatie uit 1755 over de 'staat van de kunsten in Engeland'. In dit beknopte boekje zijn de 'paardenschilders' als een afzonderlijke categorie opgenomen – een duidelijke indicatie dat het schilderen van paarden als een echt specialisme werd gezien. Interessant genoeg wordt in de passage over paardenschilders opgemerkt dat hun werk tot de portretschilderkunst gerekend dient te worden.

John Wootton (c.1682-1764), Peter Tillemans (c.1684-1734) en James Seymour (1702-1752) waren vóór Stubbs de belangrijkste paardenschilders in Engeland. Vrijwel elke vermogende Britse paardenliefhebber bezat werk van deze meesters en in de collecties van zijn opdrachtgevers heeft Stubbs zonder twijfel vele voorbeelden gezien. Dat hij in een bestaande traditie stond, is ook te zien aan de overeenkomsten in compositie tussen zijn werk en dat van zijn voorgangers: de paarden worden meestal in profiel weergegeven, begeleid door een stalknecht of een jockey, en de achtergrond is doorgaans eenvoudig, zodat deze niet te veel afleidt van het hoofdonderwerp. Hoewel Stubbs zichzelf niet als een navolger van andere kunstenaars zag, werkte hij wel in een genre waar inmiddels bepaalde verwachtingen aan verbonden waren, en gaf hier op zijn eigen manier vorm aan. Wat zijn paardenportretten onderscheidt van die van Wootton en Seymour zit hem in de levensechte weergave van de paarden: door zijn anatomische kennis wist Stubbs hun uiterlijke kenmerken op een ongeëvenaarde manier vast te leggen. Dit was een troef waarmee hij boven al zijn voorgangers en tijdgenoten uitsteeg.

John Wootton
De schimmel 'Victorius' van de hertog van Hamilton op Newmarket, c.1725
Doek, 287,7 x 323 cm. New Haven, Yale Center for British Art,
Paul Mellon Collection

Joshua Reynolds

Stubbs' keuze om zich omstreeks 1758-1759 in Londen te vestigen, was een cruciale stap voor zijn succes als kunstenaar. Zijn anatomische tekeningen trokken de aandacht van rijke paardenliefhebbers, maar het feit dat hij al gauw in contact kwam met de kunstenaar Joshua Reynolds (1723-1792) was minstens zo belangrijk. Reynolds was een vooraanstaand portretschilder: de Londense elite stond in de rij om zich door hem te laten vereeuwigen. Het kan geen toeval zijn dat vrijwel al diegenen voor wie Stubbs in de jaren na zijn aankomst in Londen werkte, kort daarvoor door Reynolds waren geportretteerd. Stubbs moet een dusdanige indruk op Reynolds hebben gemaakt, dat die hem bij zijn vooraanstaande clientèle wilde introduceren. Zo kreeg hij de kans om een vliegende start te maken – hij moest de belofte alleen nog waarmaken en de aandacht vast weten te houden.

Thomas Rowlandson
The Jockey Club or Newmarket Meeting, 1811
Handgekleurde ets, 24,5 x 34,4 cm. New York, The Metropolitan Museum of Art,
The Elisha Whittelsey Collection

THE JOCKEY CLUB OR NEWMARKET MEETING.

POLITIEK EN PAARDEN

De eerste opdrachtgevers van Stubbs hadden niet alleen connecties met Reynolds, zij waren onderling ook bekenden of zelfs vrienden van elkaar. Zij behoorden tot een groep jonge, machtige aristocraten die de 'Rockingham Whigs' werden genoemd, vernoemd naar de leider Charles Watson-Wentworth, 2nd Marquess of Rockingham. Hij was een invloedrijke politicus van de liberale politieke partij die bekend stond als de Whigs. Dit is ook de man voor wie Stubbs het fenomenale portret van Whistlejacket schilderde (zie pp. 45-51).

Politiek bond deze heren, maar nog belangrijker was dat zij uit hetzelfde sociale milieu kwamen: ze waren van adel en puissant rijk. Paardensport was onlosmakelijk verbonden aan hun uitbundige leefstijl. Stuk voor stuk waren ze lid van de zeer exclusieve Jockey Club. Dit was een in de jaren 1750 opgerichte organisatie ter bevordering van de regulatie van paardenraces, onder andere door het opstellen van regelgeving. De club had bovenal de functie van een herensociëteit, waar ook het nodige gegokt werd. De bijeenkomsten vonden in de eerste jaren plaats in Londen, later werd dit Newmarket, bij de beroemde renbanen (zie pp. 80-85).

De betekenis van Reynolds op Stubbs' carrière gaat nog verder. In Stubbs' memoires staat dat het Reynolds zelf was geweest die hem zijn eerste opdracht voor een paardenschilderij zou hebben gegeven. Het ging om een (verloren gegaan) 'oorlogspaard', een voorstelling die voor Reynolds bijzonder bruikbaar zal zijn geweest als referentiemateriaal voor zijn eigen schilderijen. Daarnaast is het aannemelijk dat Stubbs Reynolds omstreeks 1760 ook heeft geholpen bij het schilderen van paarden op diens ruiterportretten. Het imposante portret van John Ligonier, 1st Earl Ligonier (1680-1770) te paard had Reynolds waarschijnlijk niet kunnen maken zonder ondersteuning en advies van Stubbs.

Joshua Reynolds
Portret van Lord Ligonier te paard, 1760
Doek, 281 x 235 cm. Londen, Tate

Wat hun opvattingen over kunst betreft, konden Stubbs en Reynolds bijna niet verder uit elkaar liggen. Voor Stubbs gold de natuur als het lichtend voorbeeld voor de kunstenaar, terwijl Reynolds een gepassioneerd voorstander was van de academische traditie waarin de grote meesters van de renaissance en de klassieke Oudheid als de belangrijkste inspiratiebron dienden. Reynolds vond bovendien dat het een taak van de kunstenaar was om de natuur te verbeteren in plaats van deze nauwkeurig te kopiëren. Voor hem was het historiestuk het summum van de schilderkunst – iets wat ook doorwerkte in zijn portretten, waarin hij meestal verhalende elementen toevoegde om ook een beeld te geven van het leven, het beroep en de persoonlijkheid van de geportretteerde. Reynolds publiceerde invloedrijke kunsttheoretische verhandelingen en werd in 1768 de eerste directeur van de Royal Academy of Arts die mede door hem was opgericht (zie p. 73).

De eerste opdrachten

Stubbs ontving kort na aankomst in Londen al opdrachten voor monumentale schilderijen met paarden als hoofdthema. Charles Lennox, 3rd Duke of Richmond (1735-1806) nodigde hem in 1759 uit op zijn statige jachtslot Goodwood House, om daar te werken aan een serie van drie landschappen met scènes uit het buitenleven van de hertog. Dit was wel wat anders dan de formele portretten die Stubbs eerder in opdracht had geschilderd. De composities waren beduidend complexer: in het glooiende landschap rondom Goodwood werden de portretten van zijn opdrachtgever, familie en vrienden te paard, tijdens de jacht of bij de training van renpaarden weergegeven.

Het eerste schilderij, met een breedte van bijna tweeënhalve meter, laat een moment uit de *Charlton Hunt* zien, een vossenjacht. Opvallend genoeg is er geen vos op het schilderij te bekennen, het gaat hier vooral om de idylle van het buitenleven op stand en de hieraan verbonden status. Ook de andere twee werken stralen rust uit: nog een jachtscène, zonder werkelijke actie, en een landschap met de hertogin van Richmond te paard, terwijl zij de training van renpaarden komt inspecteren.

George Stubbs
Charles Lennox, 3rd Duke of Richmond tijdens de Charlton Hunt, c.1759-1760
Doek, 139,5 × 247,5 cm. Chichester, Goodwood Collection

George Stubbs
De hertogin van Richmond bij een training van renpaarden in Goodwood, c.1759-1760
Doek, 139,5 × 204,5 cm. Chichester, Goodwood Collection

Zowel in de weergave van de paarden, de portretten van de mensen – in het laatste geval voornamelijk personeel – en de plaatsing van de figuren in het landschap zien we dat Stubbs als schilder in korte tijd een aanzienlijke ontwikkeling had doorgemaakt.

Na ongeveer een jaar in Goodwood te hebben gewerkt, ging Stubbs aan de slag voor andere vooraanstaande liefhebbers van kunst en paarden. Een van de belangrijkste was Richard Grosvenor, 1st Earl Grosvenor (1731-1802), die ook een monumentale jachtscène met zichzelf in de hoofdrol wenste. Anders dan bij de Richmond-schilderijen is op de *Grosvenor Hunt* juist wel gekozen voor een hoogte-punt van dramatiek. We zien het fa-

George Stubbs
De 'Grosvenor Hunt', 1762
Doek, 149 x 241 cm. Particuliere verzameling

tale moment waarop het mannetjeshert door een roedel jachthonden wordt over-meesterd. De dynamiek van de voorstelling, die bestaat uit negen paarden met hun ruiters, een enorme hoeveelheid honden en het onfortuinlijke hert, wordt in balans gebracht door een grote oude boom, die zich bijna als een symbool van standvastig-heid over het spektakel buigt.

De Engelse volbloed

De enorme populariteit van de paardenrensport in Engeland in de achttiende eeuw hangt samen met het ontstaan van de Engelse volbloed, een paardenras dat bekend staat om zijn snelheid, kracht en sierlijke bouw. In de zeventiende eeuw begonnen Engelse fokkers paarden uit het Midden-Oosten en Noord-Afrika te importeren. Deze 'exotische' paarden – Arabieren, Turkmenen of Berbers genoemd – werden bejubeld om hun schoonheid, ideale proporties en vurige karakter. De nakomelin-gen van Arabische hengsten en Engelse merries bleken uitmuntende renpaarden. Zoals al langer in de Arabische wereld gebruikelijk was, gingen ook de Engelsen de stamboom van paarden nauwkeurig bijhouden. De belangrijkste Arabieren waren de Byerley Turk, de Darley Arabian en de Godolphin Arabian – de 'founding sires' van wie alle moderne Engelse volbloeden in de mannelijke lijn afstammen.

De door Stubbs geportretteerde paarden waren vrijwel allemaal volbloeden. De trots en status die gepaard gingen met het bezit van een winnend renpaard of een succesvolle dekhengst of fokmerrie, waren een belangrijke factor voor de popula-riteit van Stubbs' paardenportretten. In sommige gevallen werd zowel de naam van de eigenaar als de naam van het paard eigenhandig door Stubbs op de voorstelling aangebracht.

Links: George Stubbs, *William Anderson met twee rijpaarden*, 1793
Doek, 102,3 × 128,2 cm. Royal Collection Trust
Rechts: Eadweard Muybridge, *Het renpaard Annie G. in galop ('Animal Locomotion', nr. 626)*, 1887
Collotype, 23,7 × 30,6 cm. Washington, National Gallery of Art, Gift of Mary and Dan Solomon and
Patrons' Permanent Fund

HET PAARD IN BEWEGING

Ook al was hun snelheid zo belangrijk, Stubbs portretteerde (ren)paarden vrijwel altijd in stilstand. Maar doordat Stubbs de werking van het paardenlichaam door en door kende, was hij wel degelijk in staat om paarden overtuigend in beweging te schilderen. De steigerende Whistlejacket is hier natuurlijk het bekendste voorbeeld van, maar ook Blank is door hem in een dynamische houding vereeuwigd (zie p. 38). Toch blijven deze voorbeelden in de minderheid en was Stubbs extreem terughoudend in het schilderen van paarden in draf of galop.

Tijdgenoten van Stubbs schilderden galopperende paarden met alle vier de benen uitgestrekt in de lucht. De enkele keer dat Stubbs zich waagde aan een paard in galop, maakte hij noodgedwongen ook gebruik van deze komisch ogende en incorrecte houding. Misschien voelde hij aan dat er iets niet klopte en vermeed hij het daarom bewust. Het valt Stubbs en andere achttiende-eeuwse paardenschilders overigens niet aan te rekenen. Het is immers onmogelijk om met het blote oog de bewegingen tijdens het galopperen te onderscheiden. Pas in de negentiende eeuw zou men gaan begrijpen hoe het precies werkt. Dankzij de beroemde fotoseries van Eadweard Muybridge uit 1887 werd duidelijk dat een paard in galop inderdaad een moment met alle vier de benen de grond loslaat, maar dat de benen zich dan gebogen onder het lichaam bevinden. Als de benen gestrekt zijn is er altijd een hoef die de grond raakt.

Portret van paard én knecht

Stubbs verwierf zijn grootste bekendheid met zelfstandige portretten van paarden. Meestal legde hij de paarden vast in een staande houding, van de zijkant gezien zodat alle belangrijke uiterlijke kenmerken goed zichtbaar waren. Op de achtergrond een idyllisch landschap met links of rechts een knoestige boom of een imposante rotspartij. Soms wordt het paard begeleid door een stalknecht of stalmeester. Dit waren de mensen die daadwerkelijk werkten met de paarden, in tegenstelling tot de eigenaars. Vanaf het eind van de jaren 1760 zouden ook Stubbs' opdrachtgevers zich op een vergelijkbare wijze met hun mooiste paarden laten portretteren.

Een vroeg en uitzonderlijk levendig paardenportret toont Blank, een bruine hengst in eigendom van Peregrine Bertie, 3rd Duke of Ancaster (1714-1778). De hertog was een medeoprichter van de Jockey Club en behoorde tot Stubbs' belangrijkste opdrachtgevers uit de vroege jaren 1760. Ondanks Blanks veelbelovende afkomst – hij was een zoon van de legendarische Godolphin Arabian – was hij een middelmatig renpaard. Desalniettemin rees zijn faam tot grote hoogte tijdens zijn tweede carrière als dekhengst op de paardenfokkerij van de hertog. Maar liefst drie keer behaalde hij de notering van beste dekhengst van Engeland.

Stubbs portretteerde Blank met gevoel voor zijn energieke karakter en viriliteit: zijn ogen en oren staan alert, zijn staart zwiept wild omhoog en met zijn voorste benen komt hij van de grond. Met grote aandacht is de spierspanning in Blanks hals, borst en opgeheven bovenbenen weergegeven. De stalknecht Old Parnam zet zich schrap om het krachtige paard in toom te kunnen houden – zijn onverschrokken blik maakt duidelijk dat hij Blank door en door kent en de situatie meester is. Zelfs de omgeving past bij Blanks impulsieve temperament: de met bomen en struikgewas begroeide rotsen geven het landschap iets ruws en ongekunstelds. Dit is wat Stubbs' paardenportretten uniek maakt: als geen ander wist hij zowel de fysieke eigenschappen als het karakter van het paard te vangen, met aandacht voor de band tussen mens en dier, in harmonie met de omgeving.

Het paard in de hoofdrol

Stubbs begon zijn carrière als portrettist van mensen en zou tijdens zijn verdere loopbaan regelmatig dames en heren van stand en hun personeelsleden blijven portretteren. Ook bij deze portretopdrachten was er meestal een hoofdrol weggelegd voor het paard. Een goed voorbeeld is het portret van Joseph Smyth (1710-1799), luitenant van Whittlebury Forest (zie p. 40). Smyth werkte voor de hertogen van Grafton en was verantwoordelijk voor alle dagelijkse zaken rondom het beheer van het bosgebied, zoals de kap en aanplant van bomen, de jacht en het aanpakken van stropers. Mogelijk schilderde Stubbs het portret voor Augustus Fitzroy, 3rd Duke of Grafton (1735-1811), voor wie hij ook andere opdrachten uitvoerde.

Smyth zal zijn werkdagen grotendeels te paard hebben doorgebracht, wat een ruiterportret bijzonder toepasselijk maakte. In zijn donkergroene uniform straalt hij met zijn rustige blik een natuurlijke autoriteit uit. Desondanks wordt de aandacht van de toeschouwer volledig opgeëist door zijn prachtige paard. Stubbs heeft op voortreffelijke wijze het typerende vlekkenpatroon van de 'appelschimmel' geschilderd.

George Stubbs
Blank, de bruine hengst van de Duke of Ancaster, begeleid door Old Parnam, c.1761
Doek, 100,4 x 125,8 cm. The Trustees of the Grimsthorpe & Drummond Castle Trust Limited

George Stubbs
Portret van Joseph Smyth Esquire, luitenant van Whittlebury Forest, te paard, c.1762-1764
Doek, 64,2 x 76,9 cm. Cambridge, The Syndics of the Fitzwilliam Museum, University of Cambridge

Zijn vacht lijkt welhaast een zilveren gloed te hebben. Hoewel de naam van het paard niet is overgeleverd, is er geen twijfel over mogelijk dat Stubbs hier een dubbelportret van mens en paard heeft geschilderd.

Hond en paard

Net zoals paarden zijn honden onlosmakelijk verbonden met het Britse landleven. De hond is na het paard de meest door Stubbs geschilderde diersoort en op veel van zijn werken zijn ze allebei te zien. Een mooi voorbeeld is het verfijnde schilderij *Lord Torringtons jachtpersoneel vertrekt vanuit Southill, Bedfordshire* (zie pp. 42-43). Het is een van de drie schilderijen met bedienden in een buitenomgeving die Stubbs maakte voor George Byng, 4th Viscount Torrington (1740-1812). Waar de meeste van Stubbs' paardenvoorstellingen in een landschap zijn gesitueerd, heeft hij hier de bebouwing van Southill als achtergrond genomen, met links de Allerheiligenkerk. Met zijn genreachtige, kalme sfeer sloot het schilderij goed aan bij de vele Hollandse en Vlaamse schilderijen in de verzameling van Lord Torrington.

George Stubbs
Lord Torringtons jachtpersoneel vertrekt vanuit Southill, Bedfordshire (detail), c.1767
Doek, 61 x 105 cm. Mount Stuart, The Bute Collection

Twee jagers te paard trekken er in de vroege ochtend op uit; de lage zon zorgt voor lange schaduwen en het dorp lijkt nog in slaap te zijn. Een derde paard is gezadeld maar nog ruiterloos – een oudere bediende reikt de teugels toe aan de jongen op het middelste paard. We zien hier drie perfecte jachtpaarden: krachtig gebouwd, maar nog steeds elegant. Stubbs gaf met aandacht de verschillen in bouw en vachtkleur weer. Hetzelfde geldt voor de honden. De bruinrode vacht van de rustig wachtende spaniël, met de karakteristieke golfjes op de oren, is bijzonder goed getroffen. Een aardig detail is de rode gestippelde zakdoek, die als een geïmproviseerde hondenriem dienst doet. Rechts loopt een energieke jachthond, die de voorste ruiter scherp in de gaten houdt. Deze man is de zogenoemde 'whipper-in', die verantwoordelijk was voor het bijeenhouden van de jachthonden.

George Stubbs
Lord Torringtons jachtpersoneel
vertrekt vanuit Southill,
Bedfordshire, c.1767
Doek, 61 x 105 cm.
Mount Stuart,
The Bute Collection

Whistlejacket

Stubbs' carrière als paardenschilder was nog pril toen hij zijn ultieme meesterwerk schilderde: het levensgrote portret van Whistlejacket. Het schilderij heeft inmiddels een iconische status en is een van de topstukken uit de vermaarde collectie van de National Gallery in Londen. *Whistlejacket* heeft een vaste plek in een zaal waar de grootste meesters van de Britse achttiende-eeuwse schilderkunst zijn samengebracht: Reynolds, Gainsborough, Turner... en Stubbs. In de monumentale ruimte heeft zijn schilderij een ereplek in het midden van de zaal, op een zichtas waardoor Whistlejackets indrukwekkende verschijning ook vanuit de naastgelegen zalen te bewonderen is. Het is direct duidelijk dat dit schilderij uniek is in zijn soort: omringd door meesterwerken van tijdgenoten springt *Whistlejacket* eruit als van een totaal andere orde. Het indrukwekkende formaat, de krachtige houding en intense blik van het paard in combinatie met de lichtgekleurde, lege achtergrond – geen enkele kunstenaar had eerder iets vergelijkbaars geschilderd. *Whistlejacket* moet een grote indruk hebben gemaakt op de achttiende-eeuwse toeschouwer en heeft ook in de eenentwintigste eeuw niets aan impact ingeboet.

Whistlejacket en andere schilderijen in zaal 34 in de National Gallery, Londen

Wentworth Woodhouse

Het portret van Whistlejacket was oorsponkelijk bedoeld voor een monumentale zaal in het enorme Wentworth Woodhouse, Yorkshire, van Charles Watson-Wentworth, 2nd Marquess of Rockingham (1730-1782). Het geldt met zijn ruim driehonderd kamers als het grootste landhuis van Engeland in privébezit. Die imposante omvang is vooral te danken aan een flinke uitbreiding die de markies had laten uitvoeren. Daarnaast liet hij een enorm stallencomplex bouwen, dat in allure niet onderdeed voor een gemiddeld landhuis. Zijn stoeterij, waar renpaarden gefokt werden, stond hoog aangeschreven.

De markies gunde Stubbs over een periode van enkele jaren maar liefst twaalf opdrachten, waarvan vier schilderijen op levensgroot formaat. De groep in zijn geheel mag beschouwd worden als een staalkaart van Stubbs' meesterschap. Het merendeel kreeg een plek in Wentworth Woodhouse; enkele schilderijen waren bestemd voor Lord Rockinghams stadshuis aan het Grosvenor Square in Londen. De markies was veel in de hoofdstad te vinden, waar hij deel uitmaakte van de rijke jet-set, maar vooral ook als Whig-politicus zeer invloedrijk was. Tot tweemaal toe werd hij minister-president van Groot-Brittannië. De markies was de machtigste en rijkste van Stubbs' opdrachtgevers.

De 'Whistlejacket Room' in Wentworth Woodhouse
(gefotografeerd in 1934 door A.E. Henson voor het tijdschrift *Country Life*)

George Stubbs
Whistlejacket, c.1762
Doek, 292 x 246,4 cm. Londen, The National Gallery
(aangekocht met steun van het Heritage Lottery Fund, 1997)

WHISTLEJACKET ALS ICOON EN INSPIRATIEBRON

Whistlejacket prijkt in de top-10 van populairste schilderijen van de National Gallery. Sinds de verwerving door het museum in 1997 groeide het werk uit tot een icoon van de Britse schilderkunst. Hoewel Stubbs in Nederland weinig bekendheid geniet, zullen veel mensen bij een afbeelding van Whistlejacket toch een gevoel van herkenning hebben. Het schilderij prijkt op de omslag van talloze boeken – zowel naslagwerken over Stubbs als over paarden in het algemeen – en op een keur aan *merchandise*, van kaarten, kerstballen, paraplu's tot kussentjes. Ook voor hedendaagse kunstenaars is Whistlejacket een terugkerende bron van inspiratie. Recent heeft hij een opvallende opmars gemaakt in de modewereld: zijn herkenbare silhouet verscheen onder meer op ontwerpen van Stella McCartney en Vivienne Westwood.

Stubbs dateerde of signeerde geen van de schilderijen voor Lord Rockingham, wat niet ongewoon is voor zijn werk uit de jaren 1760. Gelukkig zijn er rekeningen bewaard gebleven waardoor we toch enig idee hebben wanneer specifieke werken werden voltooid. In december 1762 diende hij een factuur in voor twee schilderijen: 'a Picture of a Lion and of a Horse Large as Life'. Het eerste is een werk dat in Londen kwam te hangen: een levensgrote voorstelling van een paard dat wordt aangevallen door een leeuw (zie p. 67). De 'Horse Large as Life' kan niet anders dan Whistlejacket zijn. Het schilderij kreeg een mooie plek in de eetzaal. Kort na Lord Rockinghams dood werd deze zaal opnieuw gedecoreerd en toepasselijk omgedoopt tot de 'Whistlejacket Room'. De ruimte werd voorzien van een elegante betimmering waarin het schilderij werd ingebouwd (zie p. 46). De 'Whistlejacket Room' van Wentworth Woodhouse bestaat nog steeds, maar op de originele plek van *Whistlejacket* hangt tegenwoordig een replica.

Het paard Whistlejacket

Het moet gezegd: Whistlejacket dankt zijn wereldfaam aan Stubbs. Zonder het schilderij zou zijn vrolijke naam tegenwoordig waarschijnlijk nooit meer klinken. Gezien het formaat van zijn portret zou zomaar verondersteld kunnen worden dat Whistlejacket een uitzonderlijk renpaard is geweest, maar in werkelijkheid was zijn carrière in de rensport tamelijk onbeduidend. Hij werd in 1749 geboren als kleinzoon van de illustere Godolphin Arabian. Zijn eigenaar, Sir William Middleton, verkocht hem in 1756 aan Lord Rockingham. Whistlejackets meest gedenkwaardige overwinning voor Rockingham was zijn allerlaatste wedstrijd in 1759, waar hij een enorme geldsom binnenhaalde. Maar meestal behoorde hij tot de verliezers en dus viel het besluit dat Whistlejacket van groter nut zou zijn als dekhengst in de Wentworth stoeterij. Zijn dochter Laura, die in 1771 ook door Stubbs zou worden geportretteerd, behoort tot zijn belangrijkste nakomelingen.

Geen uitmuntend renpaard dus, en ook als dekhengst behoorde hij niet tot de absolute top, maar Whistlejacket blonk wel degelijk ergens in uit: hij was adembenemend mooi. Een volbloed met een glanzende kastanjebruine vacht, bijna witte manen en staart, een elegant hoofd en die welgevormde krachtige hals... Whistlejacket was het ideale schildersmodel. Overigens niet per se het makkelijkste model, want hij stond erom bekend moeilijk hanteerbaar te zijn. Zijn temperamentvolle karakter komt op zijn portret tot uiting in de alerte spitse oren, de wijd opengesperde neusgaten en de intense blik in zijn ogen. Ook de steigerende houding waarin Whistlejacket is vereeuwigd draagt bij aan zijn energieke uitstraling. Deze houding zien we vooral in ruiterportretten en is bekend als de 'levade': een dressuurproef waarbij het paard zich op bevel op de achterbenen opricht. Whistlejacket was geen dressuurpaard en het ligt voor de hand dat Stubbs (of Lord Rockingham) deze klassieke houding passend vond voor het monumentale formaat van het schilderij. Dezelfde houding zien we bijvoorbeeld ook terug in het ruiterportret van Lord Ligonier door Reynolds, waarbij Stubbs hoogstwaarschijnlijk kort daarvoor betrokken was geweest (zie p. 34).

Het mysterie van de lege achtergrond

Dankzij de lege achtergrond heeft Whistlejacket een buitenwoon tijdloze uitstraling. Het paard staat letterlijk centraal, niets leidt af van zijn kracht en schoonheid. Het moet een gedurfde keuze zijn geweest om bij een schilderij van een dergelijk formaat de achtergrond niet in te vullen met een landschap. Hoewel het aantrekkelijk is om deze beslissing toe te schrijven aan Stubbs' artistieke genie, kan het bijna niet anders dan dat de opdrachtgever hier een aanmerkelijke rol in heeft gespeeld.

Er is wel verondersteld dat *Whistlejacket* simpelweg een onvoltooid schilderij is. Deze aanname wordt weerlegd door de afwerking: de achtergrond heeft subtiele kleurnuances en de schaduwval bij Whistlejackets hoeven is met aandacht aangebracht. Het is echter wel mogelijk, zelfs waarschijnlijk, dat Stubbs niet vooraf had bedacht dat hij Whistlejacket tegen een lege achtergrond zou schilderen. Dat gewaagde besluit zal in de loop van het maakproces zijn gevallen, wat het schilderij niet 'onaf' maakt. Lord Rockingham accepteerde het werk in ieder geval als voltooid, aangezien hij het in deze staat op een prominente plek in zijn landhuis liet installeren.

De grote vraag bij de lege achtergrond is wat het aanvankelijke plan voor het schilderij moet zijn geweest, en waarom Stubbs het uiteindelijk niet meer op die manier uitvoerde. De memoires van Stubbs bieden hier inzicht: Lord Rockingham had oorspronkelijk een levensgroot ruiterportret van koning George III (1738-1820) gewild, waarbij een van zijn eigen paarden model zou staan voor het rijdier. Het schilderij zou een paar moeten vormen met een doek dat zich al in de collectie van de markies bevond: een eveneens levensgroot portret van de voormalige koning George II (1683-1760) te paard, geschilderd door David Morier (1705-1770). De markies wilde voor het nieuwe ruiterportret alleen de beste kunstenaars. Voor het paard was dat vanzelfsprekend Stubbs, voor het portret van de koning had hij misschien Reynolds op het oog. De achtergrond zou ten slotte door een specialist in landschappen moeten worden toegevoegd.

Stubbs werkte aan het schilderij in de stallen van Wentworth Woodhouse, waar Whistlejacket als het ware voor hem poseerde. Toen het paardenportret was afgerond, zette de kunstenaar het enorme doek tegen een muur om het van een afstandje te kunnen bekijken. Onbedoeld kreeg Whistlejacket het schilderij ook te zien. Met een wilde blik staarde hij naar zijn evenbeeld en bereidde zich voor om ernaar te trappen. Stubbs redde het schilderij door in een reflex met zijn palet en schildersstok naar Whistlejacket te zwaaien. Erg afschrikwekkend zal dit niet zijn geweest, maar de kunstenaar slaagde er wel in om Whistlejacket in verwarring te brengen. Uiteindelijk wist de stalknecht het beduusde paard weg te leiden. Kort daarop bezocht de markies de stallen om te kijken hoe het vorderde met het schilderij. Toen hij van het incident hoorde, zou hij ter plekke hebben besloten dat Stubbs niets meer aan het schilderij moest doen: Whistlejackets reactie was het ultieme bewijs dat het schilderij perfect was zoals het was.

Een prachtig verhaal, dat alle vragen lijkt te beantwoorden – al is het natuurlijk te mooi om waar te zijn. Verhalen over kunstenaars die met hun levensechte schilderijen andere kunstenaars en zelfs dieren voor de gek wisten te houden, waren reeds sinds de Oudheid in zwang – het verhaal van Whistlejacket in de stal lijkt hier een achttiende-eeuwse variatie op te zijn. De kunstenaar, of Humphry die zijn herinneringen neerpende, heeft de werkelijkheid duidelijk wat naar zijn hand gezet. Zo komt Lord Rockingham goed uit de verf als de opdrachtgever die gewaagde beslissingen durft te nemen, maar is het vooral Stubbs die wordt gepresenteerd als de kunstenaar die op het platte vlak de ultieme illusie van de werkelijkheid wist te creëren.

Scrub

Lord Rockingham was zo tevreden over *Whistlejacket* dat hij Stubbs opdracht gaf om een vergelijkbaar portret te schilderen van een ander paard uit zijn bezit, de donkerbruine hengst Scrub. Nu besloten was om Whistlejacket geen berijder of

George Stubbs
Scrub, c.1762
Doek, 268 x 244 cm. The Halifax Collection

achtergrond te geven, zou dit wél een ruiterportret van George III moeten worden. Ook deze keer liep het anders dan verwacht. De precieze reden is onduidelijk, maar de markies wees het schilderij af. Stubbs kreeg het enorme schilderij zelf in bezit en zou het jaren later verkopen aan de dubieuze kunsthandelaar en vervalser William Wynne Ryland (1738-1783). Het kwam terecht in een lading kunstwerken die ter veiling naar India werd verscheept. Het schip heeft de overtocht inderdaad gemaakt, maar de kapitein kon om onduidelijke redenen zijn lading niet lossen en keerde onverrichter zake terug. Het doek, dat tijdens de reis opgevouwen in een kist had gezeten, raakte zwaar beschadigd. Stubbs restaureerde het eigenhandig en zou het schilderij tot zijn dood in bezit houden.

Scrub is geportretteerd in een spiegelbeeldige levade ten opzichte van Whistlejacket. Het is opvallend dat ook hier de ruiter ontbreekt. Misschien keurde de markies het schilderij al af vóór Stubbs het had voltooid. Een groot verschil met Whistlejacket is dat het portret van Scrub wel een achtergrond heeft. Lang is gedacht dat het door een andere kunstenaar zou zijn geschilderd, maar tijdens de meest recente restauratie werd duidelijk dat hierin wel degelijk de hand van Stubbs zelf te herkennen is. Het landschap en de wolkenpartij zijn helaas niet optimaal bewaard gebleven.

Vergelijking tussen beide portretten laat mooi zien wat *Whistlejacket* nu zo bijzonder maakt. Door de toevoeging van het landschap bij *Scrub* is direct duidelijk wat een visuele impact *Whistlejacket* heeft door de lege achtergrond. Scrub was een prachtig paard, maar Stubbs heeft hem met minder kracht en individuele expressie geschilderd. Terwijl Whistlejacket de toeschouwer aankijkt, is Scrubs hoofd in profiel weergegeven, waardoor hij geen contact maakt. De subtiele draai die Whistlejacket maakt, zodat ook zijn gespierde achterhand goed tot uitdrukking komt, geeft zijn portret een dynamiek en volume die bij Scrub ontbreken. Lord Rockingham was een gepassioneerde verzamelaar van beeldhouwkunst en kon het bijna driedimensionale effect van *Whistlejacket* waarschijnlijk bijzonder appreciëren, maar miste dit wellicht bij *Scrub*.

George Stubbs
Het renpaard Scrub van de markies van Rockingham, met John Singleton, 1762
Doek, 100,4 x 125,7 cm. Trustees of the Rt Hon. Olive, Countess Fitzwilliam's
Chattels Settlement, by Permission of Lady Juliet Tadgell

Scrub en John Singleton

Rockinghams afwijzing van het levensgrote portret van Scrub had in ieder geval niets te maken met het paard zelf en ook Stubbs viel niet uit de gratie. De markies gaf hem zelfs opnieuw opdracht om Scrub te vereeuwigen. Ditmaal ging het om een klassiek paardenportret: op relatief klein formaat, in rust, in profiel, met een waterpartij en Engelse landschapstuin op de achtergrond (zie p. 53). Het is een dubbelportret: de jockey John Singleton (1715-1799) zit fier in het zadel. Opvallend zijn Scrubs lange slanke benen, met achter twee witte sokjes. Ook de stand van zijn oren springt in het oog. Als zijn oren helemaal plat waren, zou dit een teken zijn van kwaadheid of angst, maar hier geeft het vooral aan dat Scrub zijn aandacht volledig op de ruiter richt.

Scrub werd in 1751 geboren in de stoeterij van Wentworth Woodhouse. Hij had een piekfijne stamboom: zijn vader Blaze was een zoon van het onverslagen renpaard Flying Childers, die op zijn beurt een zoon was van de Darley Arabian. Scrub was van 1755 tot 1761 een redelijk succesvol renpaard voor Rockingham. Het portret met jockey is waarschijnlijk in 1762 gemaakt ter herinnering aan hun laatste wedstrijd in het voorgaande jaar, toen Scrub zoals gewoonlijk door John Singleton werd bereden. Het is op het eerste gezicht verrassend dat de omgeving waarin paard en ruiter zijn afgebeeld op geen enkele wijze refereert aan de renbaan. Dit is eerder regel dan uitzondering bij Stubbs' portretten van renpaarden: vaak was het juist het landgoed van de opdrachtgever dat als achtergrond diende.

Singleton was Rockinghams hoofdjockey en een getalenteerd trainer van zijn paarden. Hij wordt gezien als een van de eerste professionele jockeys van Engeland. Ook Whistlejacket werd door hem getraind en bereden, onder andere tijdens zijn belangrijkste en laatste race in 1759. Maar tussen Scrub en Singleton ontstond een unieke band. Toen Scrub na een carrière als renpaard en dekhengst met pensioen ging, schonk Rockingham hem aan zijn gewaardeerde medewerker. Scrub bracht zijn laatste levensjaren door in Great Givendale, waar hij uiteindelijk naast het huis van Singleton werd begraven. In Stubbs' memoires is een veelzeggende uitspraak van Singleton opgenomen, die bij het zien van het dubbelportret zou hebben gezegd: 'de markies heeft me laten rijden op menig *goed* paard, en op menig *slecht* paard, maar nu heeft hij me voor eeuwig op een Scrub gezet.'

Een groepsportret met Whistlejacket

Stubbs dateerde zijn rekening voor het grote schilderij van Whistlejacket in december 1762, maar enkele maanden eerder maakte hij een factuur op voor een ander, veel minder bekend portret van hetzelfde paard. Het is een interessante vraag welk werk het eerst ontstond, aangezien deze voorstelling – een groepsportret van Whistlejacket met de stalmeester en twee andere hengsten – eveneens tegen een lege achtergrond is geschilderd. Het kan dus zijn dat Stubbs al op kleinere schaal experimenteerde met het achterwege laten van een landschap, maar het is even goed mogelijk dat hij langere tijd met de grote *Whistlejacket* bezig was en gelijktijdig aan andere schilderijen werkte.

Het schilderij heeft een opvallend langwerpig formaat, waarop Stubbs de drie paarden naast elkaar in profiel heeft weergegeven (zie pp. 56-57). Whistlejacket staat

STUBBS' WERKWIJZE

Stubbs schilderde zijn paardenportretten volgens een vast stramien. Hij begon altijd met het hoofdmotief, meestal een paard en bijfiguren, dat hij helemaal uitwerkte; daarna pas volgde de achtergrond. Als *finishing touch* om het hoofdmotief en de achtergrond samen te laten vloeien, voegde hij dan nog wat overlappende details toe, zoals een lokje paardenhaar of wat grassprieten. Zijn werkvolgorde is vaak met het blote oog te zien: rondom sommige paarden lijkt een halo-achtige gloed te schijnen. Dit komt door de minieme ruimte die is overgebleven tussen de achtergrond en het paard. Een positief bijeffect is dat het paard daardoor

wat naar voren lijkt te komen en extra nadruk krijgt. Toch kleefde er ook een nadeel aan deze manier van werken: de paarden en bedienden staan soms niet helemaal stevig in het landschap.

Stubbs' vaste werkvolgorde heeft ongetwijfeld ook een rol gespeeld bij het ontstaan van zijn schilderijen met een lege achtergrond. Al zijn paardenportretten hebben immers een fase in het maakproces gehad waarbij het paard volledig uitgewerkt tegen een lege achtergrond te zien was. Dit zal de stap naar zelfstandige voorstellingen tegen een lege achtergrond eenvoudiger hebben gemaakt.

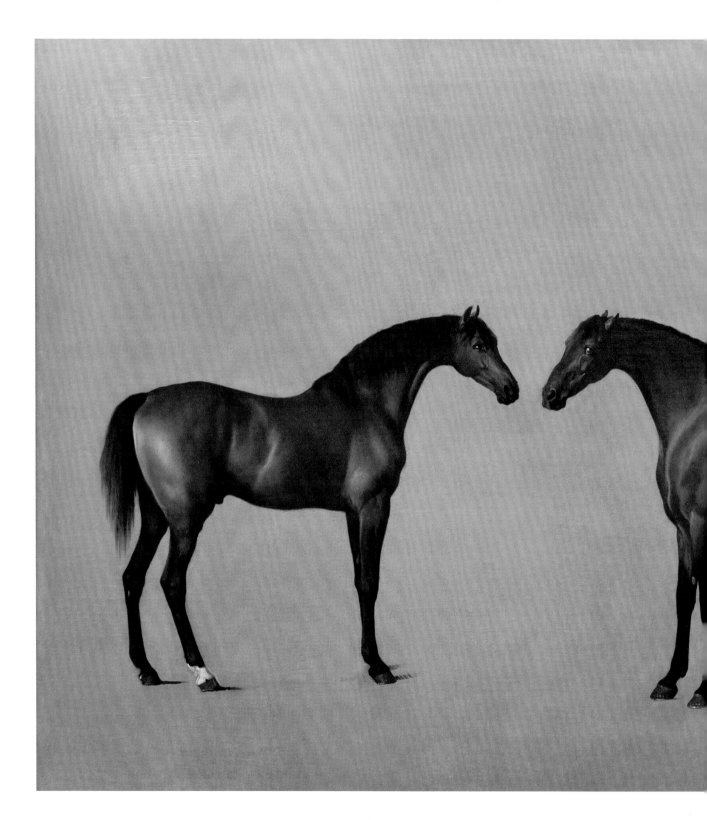

George Stubbs
Whistlejacket met de stalmeester Mr Cobb, de Godolphin Hunter en de Godolphin Colt, c.1762
Doek, 99 x 187 cm. Trustees of the Rt Hon. Olive, Countess Fitzwilliam's Chattels Settlement,
by Permission of Lady Juliet Tadgell

rechts en wordt als enige vastgehouden door de stalmeester, die hem gerust lijkt te stellen. Het witte sokje aan zijn rechterachterbeen, het blesje tussen zijn ogen, zijn kastanjebruine vacht en de contrasterende lichte manen en staart maken hem direct herkenbaar. Het is opmerkelijk om het paard, dat we vooral kennen van het onstuimige portret, hier zo rustig te zien staan. De stand van zijn oren verraadt dat Whistlejacket alert is op zijn omgeving: zijn linkeroor is naar de paarden voor hem gericht, maar zijn rechteroor draait naar Mr Cobb. De in een livrei geklede man maakt, met zijn vriendelijke gezichtsuitdrukking en de innige wijze waarop hij Whistlejacket vasthoudt, een sympathieke indruk. Het is duidelijk dat Stubbs niet alleen de paarden, maar ook de stalmeester met grote aandacht en naar het leven heeft geportretteerd.

De andere twee paarden zijn broers – ongetwijfeld ook de reden dat zij gespiegeld tegenover elkaar staan. Hun vader is de Godolphin Arabian (waarvan ook Blank een zoon was, zie p. 39), naar wie ze beide vernoemd zijn: links staat de Godolphin Colt, in het midden de Godolphin Hunter. Whistlejacket, hun neefje, was net gestopt als renpaard en toegetreden tot de fokkerij toen dit portret werd geschilderd. De Godolphin broers waren echter nooit getraind voor de renbaan en waren exclusief actief als dekhengsten. Mogelijk waren zij ook de verwekkers van de twee veulens op een schilderij dat Stubbs op hetzelfde formaat van een groep merries maakte. In afwisselende houdingen zien we daar vijf roodbruine en donkerbruine paarden, waarvan twee met een drinkend veulen. Hoewel van de fokmerries de namen niet (meer) bekend zijn, gaat het hier ongetwijfeld ook om portretten van specifieke paarden.

George Stubbs
Merries en veulens uit de Wentworth stoeterij, c.1762
Doek, 99 x 190,5 cm. Trustees of the Rt Hon. Olive, Countess Fitzwilliam's Chattels Settlement, by Permission of Lady Juliet Tadgell

Stubbs moet van alle paarden, zowel de hengsten als de merries, vele studies hebben gemaakt, waaruit hij uiteindelijk deze bijzondere composities samenstelde. Het langgerekte formaat van deze schilderijen, de lege achtergrond, maar ook het ritme waarin de dieren zijn opgesteld, doen denken aan voorstellingen op architectonische friezen uit de Oudheid. Misschien speelde Rockinghams liefde voor beeldhouwkunst hierbij een rol.

Merries en veulens

Binnen het oeuvre van Stubbs nemen zijn groepsportretten van (vaak anonieme) merries en veulens een bijzondere plek in. Hij heeft dit gemoedelijke thema in vele variaties geschilderd. Het zal hem als kunstenaar voldoening hebben gegeven om paarden in een natuurlijke interactie met elkaar vast te leggen. De voorstellingen moeten bovendien een grote aantrekkingskracht hebben gehad op zijn opdrachtgevers.

Al Stubbs' schilderijen van merries en veulens hebben gemeen dat ze op liggende formaten zijn geschilderd en dat de paarden – op het werk voor Rockingham na – zich onder een eikenboom groeperen. Dat is ook het geval op *Merries en veulens in een rivierlandschap* (zie pp. 60-61), een werk uit het midden van de jaren zestig. De voorstelling toont een harmonisch beeld van het paardenleven: in een arcadisch landschap, met een kalme rivier en glooiende heuvels op de achtergrond, staan drie volwassen paarden en twee veulens. Stubbs maakte dit schilderij in opdracht voor George Brodrick, 3rd Viscount Midleton (1730-1765), ter verfraaiing van zijn landhuis Peper Harrow in Surrey. Hoewel hij een paardenbezitter was, zijn de paarden op dit schilderij niet van Midleton, maar baseerde Stubbs zich op eerder gemaakte studies. Alle vijf de dieren komen in houding en uiterlijk overeen met de merries en veulens van de markies van Rockingham. In dit geval kon Stubbs het zich permitteren om van de werkelijkheid af te wijken en veranderde hij de rechter merrie van een roodbruin in een wit paard. Een geslaagde interventie waarmee hij de compositie net wat verrassender wist te maken.

George Stubbs
Merries en veulens in een
rivierlandschap, c.1763-1768
Doek, 101,6 x 161,9 cm
Londen, Tate (aangekocht met hulp
van de Pilgrim Trust in 1959)

Het nobele paard
in de sublieme natuur

Ruim dertig kilometer van het landgoed van de markies van Rockingham, op de grens van Derbyshire en Nottinghamshire, ligt het indrukwekkende Creswell Crags: een kalksteenkloof die wordt doorkruist door de rivier de Wellow. Tegenwoordig lopen er wandelpaden door het natuurgebied, maar in Stubbs' tijd was de kloof grotendeels onbegaanbaar. Desalniettemin trok het imponerende landschap in de loop van de achttiende eeuw al kunstenaars aan. De hoge kliffen en grillige rotsformaties, begroeid met overhangende struiken en bomen, moeten een grote indruk hebben gemaakt op Stubbs. In Creswell Crags vond hij het sublieme landschap voor de nobele volbloed.

Paarden en leeuwen

Het ongerepte en mysterieuze Creswell Crags bleek het perfecte landschap voor een bijzondere thematiek die Stubbs in de jaren 1760 ontwikkelde: voorstellingen van een paard dat bedreigd of aangevallen wordt door een leeuw. Een onderwerp dat niet direct typisch Brits aandoet. Het gaat dan ook niet om portretten van renpaarden in een Engels landschap, maar om fictieve composities van geïdealiseerde paarden op een toppunt van emotionele en fysieke spanning.

In 1763 stelde Stubbs het indringende werk *Een paard wordt verslonden door een leeuw* tentoon op de Society for Artists in Londen (zie p. 64). Het schilderij ging ver-

George Stubbs
Een paard schrikt van een leeuw, 1763
Doek, 70,5 x 102 cm. Londen, Tate (aangekocht met hulp van de National Heritage Memorial Fund, het Art Fund en de Friends of the Tate Gallery, 1994)

gezeld van een pendant dat het moment vlak vóór de aanval toont. De toeschouwer is er getuige van hoe het wonderschone paard – net zoals Whistlejacket een 'koffievos' met lichte manen – hevig schrikt van het sluipende roofdier. Vervolgens zien we hoe de leeuw zijn klauwen en tanden in het dier heeft geslagen. Het lichaam van het

George Stubbs
Een paard wordt verslonden door een leeuw, 1763
Doek, 69,2 x 103,5 cm. Londen, Tate (aangekocht in 1976)

Boven: Creswell Crags
Onder: 'Het okeren paard', laat-paleolithicum (Magdalénien)
Gravure in bot, 2,3 x 7,3 cm. Londen, The British Museum

PREHISTORISCHE VINDPLAATS

Stubbs' keuze voor Creswell Crags als setting voor zijn paarden en leeuwen kon bijna niet toepasselijker. Tienduizenden jaren geleden werd dit onherbergzame landschap bevolkt door prehistorische mensen en dieren, waaronder wilde paarden en grotleeuwen. Creswell Crags behoort met zijn vele grotten tot de belangrijkste prehistorische vindplaatsen van Engeland. Naast skeletten en werktuigen zijn op de wanden van de grotten voorstellingen van verschillende diersoorten gevonden. Een andere vondst was een circa 12.500 jaar oude paardenrib met een gegraveerde afbeelding van een paard. Het is echter hoogst onwaarschijnlijk dat Stubbs kennis had van de natuurlijke geschiedenis van het gebied, want pas in de negentiende eeuw vonden de eerste archeologische opgravingen plaats. Desondanks herkende Stubbs hier een landschap dat uit een andere tijd, een andere wereld, afkomstig leek te zijn.

Anoniem
Een leeuw valt een paard aan, 325-300 v.Chr. (met restauraties uit 1594)
Marmer, hoogte c.140 cm. Rome, Musei Capitolini

STUBBS IN ROME

Reeds in 1754, nog vóór hij was begonnen met zijn ontledingen in Horkstow, was Stubbs afgereisd naar Rome. Waar zijn tijdgenoten een 'Grand Tour' naar Italië zagen als een onmisbare levenservaring, liep het voor Stubbs uit op een teleurstelling. Hij trok op met collega-kunstenaars en bezocht hoogtepunten zoals het Vaticaan, Villa Borghese en andere paleizen, maar het kon hem allemaal niet bekoren. Na slechts een paar maanden haastte hij zich terug naar Engeland. Later zou hij in zijn memoires laten noteren dat hij deze reis alleen had gemaakt om met zekerheid vast te kunnen stellen dat de natuur altijd superieur is aan kunst, ook als deze Grieks of Romeins is. Dit moet echter niet opgevat worden als een algehele afwijzing van de klassieke traditie. Stubbs meende vooral dat om ware kunst te maken, je eerst naar de natuur moet kijken, zoals de natuur ooit ook de inspiratiebron was geweest voor de Grieken en Romeinen zelf.

paard is volledig door doodsangst overweldigd: zijn spieren zijn aangespannen, de oren liggen plat naar achteren en hij ontbloot zijn tanden in een afschrikwekkende grimas. Het is duidelijk dat het dier geen enkele schijn van kans maakt.

De schilderijen wekten beroering onder de bezoekers van de tentoonstelling en inspireerden de schrijver Horace Walpole (1717-1797) zelfs tot een gedicht over het effect van de emoties van het paard op zijn eigen gevoelsleven. Met de sterk gedramatiseerde voorstelling maakte Stubbs de kijker deelgenoot van de gruwelijke gebeurtenis: het paard wordt bijna menselijk.

Het klassieke paard

Waarom schilderde een kunstenaar die werkte onder het adagium 'all done from nature' dit soort imaginaire voorstellingen? Het antwoord is eenvoudig: zoals de meeste kunstenaars van zijn tijd, verlangde ook Stubbs naar het predicaat 'historieschilder'. Zijn specialisatie in paarden bood hiertoe een perfecte kans. Meer nog dan welk ander dier roept het paard immers een directe associatie op met de klassieke Oudheid. Tijdgenoten, zoals Richard Berenger in zijn boek *The History and Art of Horsemanship* (1771), spoorden kunstenaars aan om terug te gaan naar de vroegste voorbeelden van paarden in de kunst, met name die uit Griekenland en Rome. Stubbs zag in dat hij deze onderwerpen ook kon schilderen zonder concessies te doen aan zijn toewijding aan de natuur. Hij paste zijn anatomische kennis van het paard toe om een eigen, bijna mythische variant van het echte dier te creëren: een classicistisch ideaalbeeld, gestoeld op observaties van de natuur.

De thematiek van het paard dat door een leeuw wordt verslonden, ontleende Stubbs aan een beroemd klassiek beeldhouwwerk dat hij mogelijk in Rome had gezien (zie hiernaast).

George Stubbs
Een leeuw valt een paard aan, c.1762
Doek, 243,7 x 332,7 cm. New Haven, Yale Center for British Art, Paul Mellon Collection

Dit antieke marmeren beeld stond destijds opgesteld in de tuin van het Palazzo dei Conservatori. De indrukwekkende sculptuur is door de eeuwen heen door vele kunstenaars gekopieerd, zowel in prenten en tekeningen als op verkleind formaat in brons. Mocht Stubbs het beroemde werk hebben gemist tijdens zijn verblijf in de Eeuwige Stad, dan boden deze kopieën voldoende inspiratie voor zijn eigen verkenning van het thema. De kans is groot dat Lord Rockingham, zelf een fervent verzamelaar van beeldhouwkunst, hierbij ook een rol speelde. Het was in opdracht van de markies dat Stubbs in 1762 voor het eerst, op levensgroot formaat, een confrontatie tussen paard en leeuw schilderde – hier nog met generieke rotspartijen als achtergrond in plaats van de karakteristieke kalksteenformaties van Creswell Crags. Het thema bleef Stubbs de rest van zijn leven fascineren en nog vele versies, zowel in olieverf als in andere technieken, zouden volgen.

George Stubbs
Zebra, 1763
Doek, 103 x 127,6 cm. New Haven, Yale Center for British Art,
Paul Mellon Collection

HET HELE DIERENRIJK

Stubbs was beroemd om zijn voorstellingen van paarden en het Britse buitenleven, maar ook een andere fascinatie van de Engelse elite én de wetenschappelijke wereld komt in zijn oeuvre tot uitdrukking: exotische diersoorten. Zijn natuurgetrouwe werkwijze leende zich perfect voor het documenteren van dieren en werd gewaardeerd door natuurwetenschappers. Stubbs schilderde onder andere leeuwen, luipaarden, apen, een neushoorn en de eerste zebra in Engeland. Deze vrouwelijke zebra was afkomstig uit Zuid-Afrika en leefde in de menagerie van Buckingham Palace. Stubbs heeft het dier waarschijnlijk kunnen bezoeken door tussenkomst van de wetenschappers en anatomen John en William Hunter, met wie hij beviend was. Voor een kunstenaar die zo intensief met paarden bezig was, moet het een fascinerende ervaring zijn geweest om een echte zebra te kunnen bestuderen. Stubbs zal in het bijzonder geïnteresseerd zijn geweest in de verrassende verschillen tussen paard en zebra en schilderde het unieke streeppatroon van het dier met grote precisie.

Hoewel de antieke bron voor de paard-en-leeuwschilderijen onmiskenbaar is, wordt hier in Stubbs' memoires geen melding van gemaakt. In plaats daarvan benadrukt Humphry hoe Stubbs dagenlang schetsen maakte van een echte leeuw in de menagerie van Lord Shelburne in Hounslow Heath. Ook bestaat er een ná Stubbs' dood gepubliceerde tekst waarin verhaald wordt hoe de jonge kunstenaar tijdens zijn terugreis uit Rome een tussenstop in Noord-Afrika maakte, waar hij met eigen ogen zou hebben gezien hoe een leeuw een paard aanviel en doodde. In hoeverre dit laatste verhaal op de werkelijkheid berust, valt te bezien. Maar er is geen twijfel over mogelijk dat Stubbs in Engeland leeuwen en andere uitheemse dieren heeft bestudeerd. Veel van zijn voorname opdrachtgevers beschikten over privédierentuinen, waar ze verzamelingen aanlegden van allerlei bijzondere diersoorten.

Het sublieme paard

Het grillige landschap van Creswell Crags beantwoordde ook aan het idee van 'het sublieme', dat in de Engelse filosofie en esthetiek van de achttiende eeuw een prominente rol speelde. In de overweldigende natuur kon de mens sublimiteit ervaren: een onbevattelijk gevoel van grootsheid. De dichter, filosoof en politicus Edmund Burke (1729-1797) publiceerde in 1757 zijn *Philosophical Enquiry into the Origin of our Ideas of the Sublime and Beautiful*, waarin hij een onderscheid maakt tussen 'het schone' en 'het sublieme'. Het schone is harmonieus, voorspelbaar en roept gelijkmatige gevoelens op, terwijl het sublieme juist sterke emoties opwekt door beelden of ideeën van pijn, gevaar en verschrikking, of zelfs de dood.

Burke en Stubbs waren waarschijnlijk bekenden van elkaar: de filosoof was secretaris van Lord Rockingham en actief voor de Whigs. Burkes ideeën worden vaak in verband gebracht met Stubbs' paarden en leeuwen. Deze dramatische schilderijen zijn inderdaad een perfect voorbeeld van 'het sublieme': de fraai geschilderde, maar gewelddadige voorstellingen tonen niet alleen angst en verschrikking, maar roepen deze gevoelens ook op bij de kijker. Burke beschouwde zowel paarden als leeuwen als typisch 'sublieme' dieren. In zijn boek beschrijft hij het natuurlijke, ongetemde paard als een wezen waarin het verschrikkelijke

George Stubbs
Een paard wordt verslonden door een leeuw (detail), 1763
Londen, Tate (zie volledige afbeelding op p. 64)

en het sublieme op explosieve wijze samenkomen. De sublimiteit van de leeuw lag in zijn destructieve kracht en het feit dat hij, in tegenstelling tot het paard, geen wezenlijk nut heeft voor de mens. Vanuit Burkes filosofie bezien tonen Stubbs' schilderijen een confrontatie tussen twee sublieme krachten.

Creswell Crags als 'exotisch' decor

De Arabische volbloed was bij uitstek 'subliem': het paardenras stond erom bekend dat het zijn oorspronkelijke, natuurlijke temperament had behouden. Het ongekunstelde landschap van Creswell Crags verleende Stubbs de ideale setting voor Arabieren en andere paarden met een oosterse herkomst. Voor de hertog van Ancaster, voor wie Stubbs ook de hengst Blank had geschilderd (zie p. 39), portretteerde hij een elegante 'Turkse' schimmel. Het paard is een zogenoemde Turkoman, een uit Turkmenistan afkomstig paardenras. Deze kleine, maar bijzonder snelle paarden stonden bekend om hun gevoelige en trouwe karakter. Misschien was het paard nog maar net geïmporteerd en wilde de hertog met dit portret zijn bijzondere aanwinst vereeuwigen.

De oosterse begeleider van het paard is zonder meer de meest kleurrijk geklede stalknecht uit Stubbs' oeuvre. De bonte tulband, wijdvallende blauwe broek, de glinsterende dolk en de rode laarzen van soepel leer zijn met enthousiasme geschilderd. Van het paard noch van de knecht is de naam bekend – wellicht was de man een gespecialiseerde trainer of begeleider van het bijzondere paard. Dat hoeft echter niet, want stalknechten in fantasierijke 'Turkse' kostuums waren eerder al geïntroduceerd door paardenschilders als John Wootton. Wellicht wilde Stubbs' opdrachtgever voor zijn Turkmeense paard iets vergelijkbaars en heeft de kunstenaar noodgedwongen een beroep moeten doen op theaterkleding of kostuumboeken. Desalniettemin wijzen de individuele gezichtstrekken en de overtuigende houding van de man erop dat Stubbs wel degelijk naar een echt model heeft gewerkt.

De hoekige kliffen van Creswell Crags figureren eveneens op een van de meest atmosferische paardenportretten uit Stubbs' oeuvre (zie p. 72). Het landschap, dat van zichzelf al de nodige dramatiek verschaft, wordt hier versterkt door een dreigende wolkenlucht. Een glanzende, donkerbruine Arabier met zwarte manen wordt voorzichtig door het onherbergzame gebied geleid. De stalknecht draait zich al lopende richting de toeschouwer, waarbij een schaduw over een deel van zijn gezicht valt. Het donkergroen van zijn kleding gaat bijna op in het landschap. Hetzelfde geldt voor de donkere vacht van de hengst, waarvan de helderwitte sokken mooi contrasteren met de bruine, grijze en groene tonen van de compositie.

Stubbs schilderde dit werk voor Lord Rockingham – Creswell Crags lag niet ver van Wentworth Woodhouse. De identiteit van zowel het paard als de stalknecht is helaas onbekend. Het schilderij is waarschijnlijk te identificeren als de 'Picture of an Arabian' waarvoor Stubbs in 1766 een rekening indiende bij de markies. De algemene omschrijving van het paard, zonder naam, doet vermoeden dat het hier om een dekhengst in plaats van een renpaard gaat. Dit past ook bij de setting: een tocht door Creswell Crags zou voor een renpaard een onaanvaardbaar risico op een blessure inhouden. Bij een dekhengst was dit scenario wel realistisch. Misschien was de mooie Arabier onderweg naar een gearrangeerd samenzijn met een merrie in de stoeterij van een van Rockinghams naburige vrienden.

George Stubbs
De Turkse schimmel van de hertog van Ancaster
met een Turkse stalknecht in Creswell Crags, c.1763-1764
Doek, 101 x 126,8 cm. The Trustees of the Grimsthorpe &
Drummond Castle Trust Limited

George Stubbs
De Arabische hengst van de markies van Rockingham, door een
stalknecht begeleid door Creswell Crags, c.1765-1766
Doek, 97,8 x 123,2 cm. Edinburgh, National Galleries of Scotland
(accepted by H M Government in Lieu of Inheritance Tax and
allocated to the National Galleries of Scotland in 2002)

George Stubbs
Val van Phaëton, 1777
Doek, 96,5 x 122 cm. Plymouth, Saltram House,
The National Trust

STUBBS DE ACADEMICUS

Tussen 1761 en 1774 exposeerde Stubbs ruim zestig schilderijen bij de Society of Artists in Londen. Deze tentoonstellingen waren van groot belang voor de bekendheid van zijn werk. In de volle zaal moest hij de competitie aangaan met levensgrote portretten, enorme landschappen en klassieke historiestukken. Dit was dus bij uitstek de gelegenheid om zijn mythologische schilderijen met het publiek te delen – voorstellingen waarmee hij bijzonder veel lof oogstte. Vanzelfsprekend ging zijn voorkeur uit naar klassieke onderwerpen waarin paarden een prominente rol speelden. Zo exposeerde hij meerdere versies van de *Val van Phaëton*. Het grootste exemplaar kwam uiteindelijk in het bezit van Joshua Reynolds.

Stubbs was een actief lid van de Society of Artists en zou van 1772 tot 1773 de positie van *President* vervullen. In 1775 stapte hij echter over naar de concurrerende Royal Academy of Arts, waar Reynolds de scepter zwaaide. In 1780 werd Stubbs benoemd tot *Associate Member* en het daaropvolgende jaar kreeg hij de kans *Royal Academician* (RA) te worden. Helaas was hij te laat met het vereiste '*Diploma Work*' en de titel ging aan hem voorbij. Hoewel Stubbs er bleef exposeren en bevriend was met enkele prominente leden, was zijn verhouding tot de academie ambivalent. Dit kwam vooral door de steeds kleinere rol van anatomisch onderwijs binnen het academische curriculum – Stubbs vond dit absoluut onacceptabel.

Het nobele paard

De achttiende-eeuwse toewijding aan het paard komt ook tot uitdrukking in de verheven terminologie waarmee over paarden werd geschreven. De kunstenaar William Hogarth (1697-1764), bijvoorbeeld, noemt het paard in zijn *The Analysis of Beauty* uit 1753 een 'nobel wezen' en 'het voornaamste onder de dieren'. Stubbs schreef zelf overigens ook over het paard als '*that noble Animal*' in een vooraankondiging voor zijn *Anatomy of the Horse*. Ook in natuurhistorische publicaties dichtte men het paard een verheven status toe binnen de dierenwereld. Sommige auteurs vroegen zich af of paarden wellicht, net zoals mensen, een ziel hadden en in de hemel konden komen.

Misschien wel het ultieme voorbeeld van het nobele paard vinden we in het vierde deel van Jonathan Swifts satirische meesterwerk *Gulliver's Travels* (1726). In 'Een reis naar het land van de Houyhnhnms' komt Gulliver terecht op een eiland dat geregeerd wordt door sprekende paarden. Zij staan voor de hoogste vorm van beschaving en de perfectie van de natuur, als tegenhanger van de mensachtige maar onontwikkelde Yahoos. Swift had tal van dieren kunnen kiezen voor het superieure eilandvolk, maar in het Engeland van de achttiende eeuw moest dit natuurlijk het paard zijn.

De grote eerbied die Engelsen voor paarden voelden, komt ook tot uitdrukking in de bijzonder respectvolle paardenportretten van Stubbs. Helemaal op schilderijen van stalknechten die een paard verzorgen of voeden – intieme momenten waarop de mens gedienstig is aan het paard. Een poëtisch voorbeeld is een schilderij waarop een knecht twee paarden haver aanbiedt in een zeef. De zachte, roze-blauwe lucht geeft een zilverachtige gloed aan het landschap en het spiegelgladde oppervlak van de waterpartij. Een majestueuze appelschimmel loopt nieuwsgierig richting een gezadeld paard en een knecht, die hem vriendelijk uitnodigt mee te eten. Stubbs heeft de schimmel tegen een lichte achtergrond geplaatst, waardoor zijn schitterende silhouet perfect tot uitdrukking komt. Het is niet meer bekend voor wie Stubbs dit meesterwerk schilderde, of wie de geportretteerde paarden en knecht zijn, maar één ding is duidelijk: voor Stubbs en zijn opdrachtgevers was het paard een subliem en nobel dier.

George Stubbs
Een bruin paard en een schimmel worden gevoerd door een stalknecht, c.1765-1770
Doek, 100,3 x 124,5 cm. Berkeley Castle, The Berkeley Will Trust

Eclipse

De rensport speelde een cruciale rol in de carrière van Stubbs. Veel van de door hem geportretteerde paarden waren uitmuntende renners of mochten die tot hun nageslacht rekenen. Desondanks lijkt hij weinig op te hebben gehad met de wereld rondom de paardenraces. Hij behoorde tot een andere sociale klasse dan zijn cliëntèle – lid worden van de Jockey Club was voor hem uitgesloten. Maar ook de met de rensport vervlochten gokwereld, een populair vermaak waar enorme geldbedragen in omgingen, paste niet bij de ingetogen levensstijl van de kunstenaar. Op zijn portretten van renpaarden is dan ook weinig te merken van het spektakel en de mensenmenigten rondom de races. Stubbs koos meestal voor de rustige, bijna intieme momenten vóór of na de wedstrijd en kon zo de focus volledig op het paard leggen. Ook het snelste renpaard van zijn tijd, de onovertroffen Eclipse, werd door hem op een verrassend ingetogen wijze vereeuwigd.

'Eclipse first and the rest nowhere'

Waar Whistlejacket zijn faam dankt aan Stubbs' schildertalent, komt de legendarische reputatie van Eclipse geheel door zijn eigen kwaliteiten. Deze kastanjebruine Engelse volbloed werd, ondanks zijn weerbarstige karakter, het meest gevierde renpaard van de achttiende eeuw. Het fenomeen dat Eclipse in zijn eigen tijd was, werkt onverminderd door in het heden: maar liefst 95 procent van de moderne volbloeden stammen direct van hem af.

Eclipse werd vernoemd naar de zonsverduistering van 1 april 1764, waarschijnlijk de dag van zijn geboorte. Zijn vader was het succesvolle renpaard Marske, een achterkleinzoon van de Byerley Turk; zijn moeder Spiletta was een kleindochter van de Godolphin Arabian. De eerste eigenaar van Eclipse was William Augustus, Duke of Cumberland (1721-1765), de derde zoon van koning George II. De hertog was een groot liefhebber van paardenraces en een fervent gokker. Eclipse heeft echter nooit voor de hertog gerend: hij was nog maar één jaar oud toen zijn eigenaar overleed.

William Wildman (1718-1784) wist het jonge paard op een veiling uit de nalatenschap van de hertog te verwerven. Hij was een veehandelaar die – met groot succes – zijn geluk in de rensport had gezocht. Voor Wildman rende Eclipse op vijfjarige leeftijd zijn eerste race: de 'Noblemen and Gentlemen's Plate' op de vermaarde renbaan van Epsom. Hij versloeg zijn tegenstanders zonder enige moeite en liet dat jaar ook in andere wedstrijden iedereen ver achter zich. Het publiek was verbijsterd over de ongekende vaart waarmee Eclipse over de baan stoof. De beroemde uitspraak *'Eclipse first and the rest nowhere'* klonk overal waar hij kwam. Van de negen races die Eclipse in 1769 won, waren er drie een zogenoemde 'walk-over': niemand durfde een tegenstander in te zetten en Eclipse kon in zijn eentje zegevierend naar de finish lopen. Het daaropvolgende jaar herhaalde Eclipse zijn succes en won hij opnieuw negen races. Hiervan liep hij maar liefst vijf keer zonder tegenstanders naar de finish, onder meer voor de prestigieuze 'King's Plate' in Newmarket op 4 oktober 1770.

Ondertussen was Eclipse in de loop van 1770 gewisseld van eigenaar. Wildman wilde waarschijnlijk op zeker spelen en verkocht zijn ster op het hoogtepunt van zijn roem aan de flamboyante Dennis O'Kelly (1725-1787). O'Kelly was een man met een uiterst dubieuze reputatie: hij zat diep in de gokwereld en bracht vanwege oplichterij en hoge schulden diverse malen zijn tijd door in de gevangenis. Zijn zaken- en levenspartner, Charlotte Hayes (c.1725-1813), runde meerdere *high-end* bordelen in Londen. Hun gezamenlijk opgebouwde fortuin werd geïnvesteerd in de paardenrensport. De aankoop van Eclipse was de meest geslaagde investering denkbaar, zij het dat dit zich in het bijzonder buiten de renbaan uitbetaalde: na het winnen van de genoemde King's Plate werd Eclipse alleen nog als dekhengst ingezet en bleek hij een ware goudmijn. Hij had een 'stud-fee' van vijftig guineas, een recordbedrag voor die tijd. In zeventien jaar tijd verwekte Eclipse maar liefst 930 nakomelingen, waaronder 300 prijswinnende renpaarden.

Portretten van Eclipse

Stubbs heeft minstens vier portretten van Eclipse geschilderd, maar het paard stond maar één keer model voor hem. Dat was nog in opdracht van Wildman, voor wie hij eerder ook al had gewerkt (zie p. 84). Stubbs raakte zelfs bevriend met Wildman, die in de loop van twee decennia een omvangrijke verzameling van zijn werk zou aanleggen. Hun amicale band komt tot uitdrukking in het ongedwongen groepsportret van Eclipse, Wildman en zijn twee zoons onder een oude eikenboom. Aan hun kleding is duidelijk te zien dat Wildman inmiddels een bemiddeld man was. Toch zit hij op een eenvoudige baal hooi, terwijl een van zijn in blauw satijn geklede zoons de teugels van Eclipse vasthoudt.

Ter voorbereiding op het portret maakte Stubbs ongetwijfeld diverse voorstudies op papier – werkmateriaal dat vrijwel geheel verloren ging. Een zeldzame olieverfstudie op doek is gelukkig bewaard gebleven. Deze uitgewerkte studie 'naar het leven' toont Eclipse zonder zadel of hoofdstel. Zijn manen zijn ingevlochten, maar zitten (anders dan op het portret met Wildman) aan de andere kant van zijn hals en zijn daarom niet zichtbaar. Verder komt de studie volledig overeen met het officiële portret; zelfs de glanzende plekken op de gladde vacht zijn identiek. Dat Eclipse op de studie tegen een lege achtergrond

George Stubbs
Eclipse met William Wildman en zijn zoons John en James, c.1769-1770
Doek, 101,6 x 127,1 cm. The Baltimore Museum of Art,
William Woodward Collection

George Stubbs
Studie van Eclipse, c.1769
Doek, 64,7 x 78 cm. Londen/Hertfordshire,
Royal Veterinary College

George Stubbs
Eclipse op Newmarket, met een stalknecht en jockey, c.1794
Doek, 100,3 x 131,5 cm. Newmarket, The Jockey Club

THE TURF GALLERY

Omstreeks 1790 werd Stubbs benaderd met het verzoek om een reeks portretten te schilderen van de Godolphin Arabian tot en met de meest vooraanstaande paarden van dat moment. Stubbs was al aardig op leeftijd, maar nog altijd dé keuze voor een dergelijke opdracht. Het was de bedoeling dat de serie in het openbaar in Londen tentoongesteld zou worden, om vervolgens ook in prent te worden gebracht. Dat laatste zou door Stubbs' zoon, George Townly Stubbs (1756?-1815), worden uitgevoerd. De eminente opdrachtgever wenste anoniem te blijven en gebruikte het toepasselijke pseudoniem 'Turf', de Engelse term voor paardenrenbaan. In 1794 werd The Turf Gallery geopend met de eerste zestien schilderijen, waaronder een nieuwe versie van het portret van Eclipse voor Dennis O'Kelly. Stubbs' zoon publiceerde daarbij een

overzicht, *The Turf Review*, met veertien etsen. Helaas liep de financiering van het project spaak en zouden er geen verdere schilderijen volgen.

Over de identiteit van 'Turf' is het nodige gespeculeerd. Misschien gaat het om de prins van Wales en latere koning George IV (1762-1830), een fanatiek liefhebber van de rensport. Stubbs kreeg in de vroege jaren negentig meerdere opdrachten van de prins (zie bijvoorbeeld p. 37), die uiteindelijk de grootste contemporaine collectie van schilderijen van Stubbs bijeen zou brengen. Bovendien was *The Turf Review* aan de prins opgedragen. Maar ook O'Kelly zou de man achter het project kunnen zijn geweest: een opvallend groot deel van de zestien uitgevoerde paardenportretten betrof hengsten uit zijn stal.

is afgebeeld, heeft een volstrekt andere reden dan indertijd bij Whistlejacket het geval was: voor een studie was
het niet noodzakelijk om een landschap uit te werken, het
ging hier puur en alleen om Eclipse. Als *finishing touch*
voegde Stubbs nog wel een schaduwval toe bij de hoeven.

De studie was geen onderdeel van de opdracht voor
Wildman en bleef in Stubbs' privébezit. Het schilderij
kwam al snel weer van pas toen O'Kelly, kort na zijn aankoop van Eclipse, ook een portret bestelde. Eclipse had
voor zijn nieuwe eigenaar in april 1770 twee overwinnin-
gen behaald in Newmarket – dus de achtergrond waarte-
gen het prijspaard nu geportretteerd werd, lag voor de
hand. Ook voor die achtergrond gebruikte Stubbs een
uitgewerkte studie uit zijn ateliervoorraad: een leeg landschap en een gebouw dat voor de verzorging van de ren-

George Stubbs
Newmarket Heath, met 'rubbing-down house', c.1765
Doek, 30,5 x 40,6 cm . New Haven, Yale Center for British Art,
The Paul Mellon Collection

paarden werd gebruikt, een zogenoemd 'rubbing-down house'. Het gebouw stond bij
de Beacon Course van Newmarket. Stubbs voegde de twee studies samen en vulde
de compositie aan met een stalknecht en een jockey. Ruim twintig jaar later zou hij
dezelfde voorstelling van Eclipse herhalen (zie hiernaast).

Het skelet van Eclipse

Eclipse kwam in 1789 op 25-jarige leeftijd te overlijden. Men hoopte met een anatomische ontleding van zijn lichaam het geheim van zijn succes te achterhalen. De
eer was aan de vermaarde Franse dierenarts Charles Vial de Sainbel (1753-1793), die
Eclipse ook al eens tijdens zijn leven had onderzocht. Vial de Sainbel kwam tot een
verrassende ontdekking: Eclipse bleek een uitzonderlijk groot hart te hebben. Dit
moest de verklaring zijn voor zijn snelheid, want met zijn grote hart kon hij efficiënter

bloed door zijn lichaam pompen. Het anatomisch onderzoek resulteerde in een wetenschappelijke publicatie: *An
Essay on the Proportions of the Celebrated Eclipse* (1791).

Vial de Sainbel werd in 1791 de eerste directeur van de
Veterinary College in Londen, de voorloper van het hui-
dige Royal Veterinary College. Hier wordt het skelet van
Eclipse tegenwoordig bewaard. Het kwam echter via een
omweg in de collectie terecht. Na de ontleding raakte het
skelet in bezit van verschillende dierenartsen, om uiteindelijk te eindigen in de 'Egyptian Hall', een soort raritei-
tenkabinet in het Londense Piccadilly. De dierenarts John
Gamgee (1831-1894) wist Eclipse hier weg te kopen en liet
hem na aan het Royal College of Veterinary Surgeons. Zij
schonken Eclipse in 1991 aan het Royal Veterinary College,
ter ere van het 200-jarige jubileum van de onderwijsin-
stelling. Ook Stubbs' *Studie van Eclipse* werd datzelfde
jaar aan hun verzameling toegevoegd, als schenking van

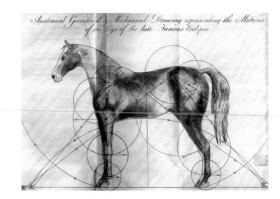

Charles Vial de Sainbel
*'Geometrische tekening van de exacte proporties
van de beroemde Eclipse'*, 1791
Handgekleurde gravure,
Londen/Hertfordshire, Royal Veterinary College
Uit: Charles Vial de Sainbel, An Essay on the Proportions of the
Celebrated Eclipse [...], Londen 1791

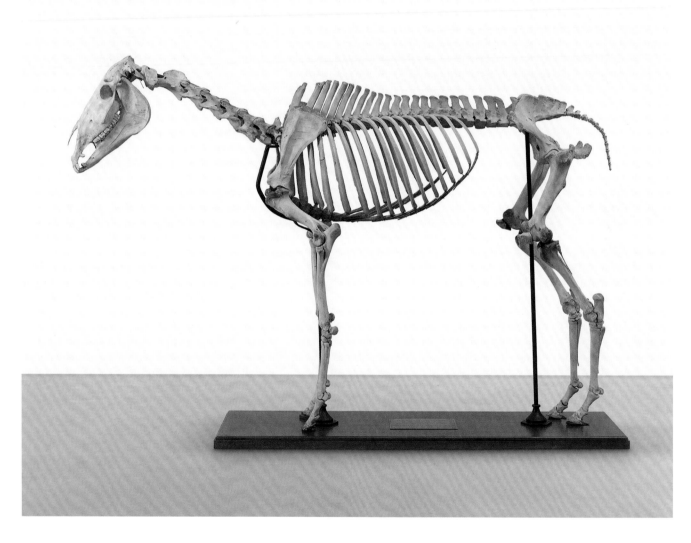

Eclipse
Skelet, 167 x 55 x 246 cm
Londen/Hertfordshire, Royal Veterinary College

ECLIPSEMANIA

De roem van Eclipse steeg tot dusdanige hoogte, dat er een zekere markt ontstond voor Eclipse-memorabilia, waaronder boeken en vele prenten. Maar de Eclipsemania komt pas echt tot uitdrukking in de 'relieken' van Eclipse: zo waren er maar liefst negen (!) losse hoeven in omloop, waarvan sommige werden omgewerkt tot decoratieve objecten. De Jockey Club in Newmarket bezit een ingelijst stuk huid van Eclipse, een zweepje met zijn haar en twee van zijn (vermeende) hoeven. De roem van het snelste renpaard ooit, de stamvader van bijna alle hedendaagse volbloeden, duurt voort: in 2009 verscheen de eerste editie van de biografie van Eclipse, waarin de Engelse journalist en rensportliefhebber Nicholas Clee het bijzondere leven van Eclipse en zijn achtereenvolgende eigenaars uit de doeken doet.

de Amerikaanse filantroop Paul Mellon (1907-1999). Mellon was een vooraanstaand eigenaar en fokker van volbloed renpaarden en een enthousiaste verzamelaar van Stubbs' werk. Mede doordat Mellon vanaf de jaren 1960 vele schilderijen van Stubbs verwierf (tegenwoordig in het Yale Center for British Art, New Haven), kreeg Stubbs' populariteit in de twintigste eeuw een enorme impuls.

Gimcrack

Met hun ogenschijnlijke eenvoud en verstilde sfeer behoren Stubbs' portretten van renpaarden tot de hoogtepunten in zijn oeuvre. Een bijzonder aantrekkelijk voorbeeld is *Gimcrack, met John Pratt, op de Newmarket Heath*. Het schilderij bestaat voor meer dan de helft uit een subtiel geschilderde wolkenlucht. Door de lage horizon komt het silhouet van Gimcrack en de jockey John Pratt, die kaarsrecht in het zadel zit, prachtig uit tegen het lichtgrijs en blauw van de hemel. Rechts staat het karakteristieke 'rubbing-down house' van Newmarket, dat Stubbs regelmatig liet figureren op zijn schilderijen. Ook het witte paaltje geheel links keert bij hem vaker terug – de gedurfde plaatsing zo dicht bij de rand van het doek zorgt voor een verrassend, maar niet afleidend, element in de uitgebalanceerde compositie.

De opdrachtgever van het schilderij was William Wildman, die enkele maanden daarvoor Eclipse had gekocht. Maar op dit moment, in 1765, was Gimcrack nog zijn meest succesvolle renpaard. Het portret herinnert waarschijnlijk aan Gimcracks succesvolle debuut op de Newmarket Heath, op 9 april 1765. Gimcrack was een kleinzoon van de Godolphin Arabian en een van de meest geliefde Engelse renpaarden van zijn tijd. Hij was bijzonder klein van stuk – ongeveer het formaat van een hedendaagse pony – maar viel op door zijn snelheid en grote doorzettingsvermogen. Stubbs heeft Gimcrack, net zoals Eclipse, voor verschillende eigenaars geportretteerd. Maar bij de schimmel Gimcrack was het niet mogelijk om steeds terug te vallen op dezelfde studie: de vachtkleur van schimmels verandert naarmate ze ouder worden, het zogenaamde 'schimmelen'. Op dit portret is Gimcrack nog jong en is zijn vacht donker met een subtiele grijze glans; op een portret uit 1770 is hij vrijwel wit.

Levenslang experiment

Bijna veertig jaar na *Whistlejacket*, aan het eind van zijn carrière, verrast Stubbs opnieuw met een portret van een renpaard op levensgroot formaat. *Hambletonian*, uit 1800, is tegenwoordig in het Verenigd Koninkrijk minstens zo geliefd als *Whistlejacket*, maar is er verder bijna een tegenpool van (zie p. 87). Waar Whistlejacket, tegen de lege achtergrond, symbool staat voor de schoonheid en levenskracht van het paard, toont Stubbs met *Hambletonian* de totale uitputting van een renpaard na de race. De adrenaline giert nog door Hambletonians lichaam, die niet stil lijkt te kunnen staan en tot kalmte wordt gemaand door een stalmeester. Een stalknecht slaat zijn arm stevig om de hals van het paard – in zijn andere hand houdt hij een doek om het zweet van zijn vacht af te wrijven.

Waar Stubbs' portretten van renpaarden gekenmerkt worden door een welhaast contemplatieve sfeer, besloot hij deze ene keer een totaal andere weg in te slaan. Dit werd niet gewaardeerd door zijn opdrachtgever, Sir Henry Vane-Tempest,

George Stubbs
Gimcrack, met John Pratt, op de Newmarket Heath, c.1765
Doek, 100 x 124 cm. Cambridge, The Syndics of the
Fitzwilliam Museum, University of Cambridge

Details van gecoupeerde staarten van paarden op
schilderijen van George Stubbs. Voor de volledige schilderijen zie
(met de klok mee): pp. 87, 40, 79 en 85.

DIERENRECHTEN

De achttiende-eeuwse fascinatie voor het paard ging gepaard met praktijken die verre van diervriendelijk waren. Veel werkpaarden werden wreed behandeld door hun eigenaars, die hen simpelweg als 'werktuig' zagen. Renpaarden werden aan spartaanse trainingsregimes onderworpen en de wedstrijden waren vaak lang en uitputtend. Verder was het indertijd mode om de staart van een jacht- of renpaard te couperen – een gebruik dat in Engeland uiteindelijk in de twintigste eeuw werd verboden. Deze ingekorte staarten, waarbij soms ook het staartbeen werd geamputeerd, zijn op veel schilderijen van Stubbs te zien.

Reeds in de zeventiende eeuw klonken er kritische geluiden over de wrede behandeling van paarden. Naast aandacht voor dierenrechten uit praktische overwegingen – een gezond dier is immers nuttiger dan een ziek dier – zien we in de achttiende eeuw dat er ook morele bezwaren begonnen te spelen. Er ontstond discussie over het gevoelsleven en denkvermogen van het 'nobele dier' (zie ook p. 74). In de rensport vertaalde dit groeiende bewustzijn zich onder meer in kortere races. Toch dateren de grootste verbeteringen in het paardenleven pas van de twintigste eeuw en is dierenwelzijn nu ook binnen de paardensport een belangrijk thema geworden.

George Stubbs

Hambletonian, 1800

Doek, 209,6 x 367,3 cm. Mount Stuart, The National Trust

2nd Baronet (1771-1813), die voor het portret van zijn prijswinnende paard – een klein-zoon van Eclipse – ongetwijfeld een 'typische Stubbs' had verwacht. Hij weigerde de kunstenaar te betalen voor het werk, maar hield het schilderij wel in zijn bezit. Het geschil liep uit op een rechtszaak en hoewel Stubbs in het gelijk werd gesteld, zou hij nooit zijn betaling ontvangen. Het moet een pijnlijke situatie zijn geweest voor de 75-jarige kunstenaar, die op het eind van zijn leven minder kapitaalkrachtig was dan in zijn jongere jaren. Desondanks laat het schilderij op ongeëvenaarde wijze zien hoe Stubbs tot op hoge leeftijd bleef experimenteren met het paardenportret.

Stubbs was in de jaren 1760 in korte tijd de belangrijkste paardenportrettist van het Verenigd Koninkrijk geworden. Hij zou de rest van zijn leven paarden blijven schilderen en – veelal op gelijk niveau – blijven variëren op thema's die hij aan het begin van zijn carrière had ontplooid: verstilde portretten van renpaarden met jockey of knecht, idyllische voorstellingen van merries en veulens, en dramatische confronta-ties tussen paarden en leeuwen. Daarnaast schilderde Stubbs diverse andere dieren en meer genreachtige voorstellingen van het Britse landleven – maar het waren zijn paardenportretten waarmee hij zich als kunstenaar onderscheidde en die van blij-vende invloed waren op vele kunstenaars na hem. In de handen van Stubbs heeft het paardenportret definitief zijn plek veroverd in de kunstgeschiedenis.

Tentoongestelde werken

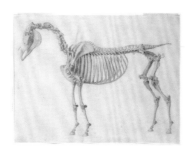

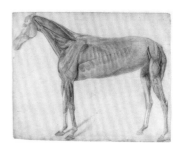

1
George Stubbs
Studie voor 'De Eerste Anatomische
Tabel van het Skelet van het Paard:
zijaanzicht', c.1756-1758
Zwart krijt, 36,1 x 48,3 cm
Londen, Royal Academy of Arts
(legaat van Charles Landseer RA, 1879)
(inv.nr. 03/5720) ⊕ p. 17

2
George Stubbs
Werktekening voor 'De Tweede
Anatomische Tabel van de Spieren [...]
van het Paard', c.1756-1758
Potlood, rood krijt, rode en bruine inkt,
48,4 x 61 cm
Londen, Royal Academy of Arts
(legaat van Charles Landseer RA, 1879)
(inv.nr. 03/1584) ⊕ p. 18

3
George Stubbs
Studie voor 'De Vierde Anatomische
Tabel voor de Spieren [...] van het Paard:
de diepe spieren blootgelegd en het hoofd
aanzienlijk ontleed', c.1756-1758
Potlood en zwart krijt, 36,2 x 49,5 cm
Londen, Royal Academy of Arts
(legaat van Charles Landseer RA, 1879)
(inv.nr. 03/1582) ⊕ p. 19

4
George Stubbs
Studie voor 'De Tweede Anatomische
Tabel van het Skelet van het Paard:
vooraanzicht', c.1756-1758
Potlood en zwart krijt, 35,6 x 18,4 cm
Londen, Royal Academy of Arts
(legaat van Charles Landseer RA, 1879)
(inv.nr. 03/5716) ⊕ p. 20

5
George Stubbs
Studie voor 'De Zesde Anatomische Tabel voor de Spieren [...] van het Paard: de eerste van de dissecties in vooraanzicht, met huid en weefsel verwijderd', c.1756-1758
Zwart krijt, 35,9 x 19 cm
Londen, Royal Academy of Arts (legaat van Charles Landseer RA, 1879) (inv.nr. 03/5709) ⊕ p. 21

6
George Stubbs
Studie voor 'De Achtste Anatomische Tabel voor de Spieren [...] van het Paard: oppervlakkige spieren ontleed om delen van het onderliggende skelet te onthullen; ribben, borstbeen en halsaders aan de basis van de nek nu duidelijk', c.1756-1758
Potlood en zwart krijt, 35,5 x 18,4 cm
Londen, Royal Academy of Arts (legaat van Charles Landseer RA, 1879) (inv.nr. 03/5715) ⊕ p. 22

7
George Stubbs
Studie voor 'De Derde Anatomische Tabel van het Skelet van het Paard: achteraanzicht', c.1756-1758
Potlood, 35,4 x 18 cm
Londen, Royal Academy of Arts (legaat van Charles Landseer RA, 1879) (inv.nr. 03/5718) ⊕ p. 23

8
George Stubbs
Studie voor 'De Vijftiende Anatomische Tabel voor de Spieren [...] van het Paard: de diepste spieren en gewrichtsbanden', c.1756-1758
Potlood, 36,2 x 19,1 cm
Londen, Royal Academy of Arts (legaat van Charles Landseer RA, 1879) (inv.nr. 03/5712) ⊕ p. 24

9
George Stubbs
Werktekening voor 'De Dertiende Anatomische Tabel voor de Spieren [...] van het Paard', c.1756-1758
Potlood, zwart en rood krijt, 47 x 29,2 cm
Londen, Royal Academy of Arts (legaat van Charles Landseer RA, 1879) (inv.nr. 03/5719) ⊕ p. 25

10
George Stubbs
Studie voor 'De Twaalfde Anatomische Tabel voor de Spieren [...] van het Paard: de oppervlakkige spieren, die kracht geven aan de achterbenen, blootgesteld', c.1756-1758
Potlood en zwart krijt, 36,5 x 20 cm
Londen, Royal Academy of Arts (legaat van Charles Landseer RA, 1879) (inv.nr. 03/5707) ⊕ p. 26

11

George Stubbs, *The Anatomy of the Horse. Including A particular Description of the Bones, Cartiliages, Muscles, Fascias, Ligaments, Nerves, Arteries, Veins and Glands. In Eighteen Tables, all done from Nature*, Londen 1766
Londen, Royal Academy of Arts
London/Hertfordshire, Royal Veterinary College

12

George Stubbs
Blank, de bruine hengst van de Duke of Ancaster, begeleid door Old Parnam, c.1761
Doek, 100,4 x 125,8 cm
The Trustees of the Grimsthorpe & Drummond Castle Trust Limited
→ p. 39

13

George Stubbs
Whistlejacket, c.1762
Doek, 292 x 246,4 cm
Londen, The National Gallery (aangekocht met steun van het Heritage Lottery Fund, 1997)
→ p. 47

14

George Stubbs
Het renpaard Scrub van de markies van Rockingham, met John Singleton, c.1762
Doek, 100,4 x 125,7 cm
Trustees of the Rt Hon. Olive, Countess Fitzwilliam's Chattels Settlement, by Permission of Lady Juliet Tadgell
→ p. 53

15

George Stubbs
Whistlejacket met de stalmeester Mr Cobb, de Godolphin Hunter en de Godolphin Colt, c.1762
Doek, 99 x 187 cm
Trustees of the Rt Hon. Olive, Countess Fitzwilliam's Chattels Settlement, by Permission of Lady Juliet Tadgell
→ pp. 56-57

16

George Stubbs
Portret van Joseph Smyth Esquire, luitenant van Whittlebury Forest, te paard, c.1762-1764
Doek, 64,2 x 76,9 cm
Cambridge, The Syndics of the Fitzwilliam Museum, University of Cambridge
→ p. 40

17
George Stubbs
Een paard wordt verslonden
door een leeuw, 1763
Doek, 69,2 x 103,5 cm
Londen, Tate (aangekocht in 1976)
⊙ p. 64

18
George Stubbs
De Turkse schimmel van de hertog van
Ancaster met een Turkse stalknecht in
Creswell Crags, c.1763-1764
Doek, 101 x 126,8 cm
The Trustees of the Grimsthorpe &
Drummond Castle Trust Limited
⊙ p. 71

19
George Stubbs
Merries en veulens in een
rivierlandschap, c.1763-1768
Doek, 101,6 x 161,9 cm
Londen, Tate (aangekocht met hulp
van de Pilgrim Trust in 1959)
⊙ pp. 60-61

20
George Stubbs
Gimcrack, met John Pratt, op de
Newmarket Heath, c.1765
Doek, 100 x 124 cm
Cambridge, The Syndics of the
Fitzwilliam Museum, University
of Cambridge
⊙ p. 85

21
George Stubbs
De Arabische hengst van de markies
van Rockingham, door een stalknecht
begeleid door Creswell Crags, c.1765-1766
Doek, 97,8 x 123,2 cm
Edinburgh, National Galleries
of Scotland (accepted by H M
Government in Lieu of Inheritance Tax
and allocated to the National Galleries
of Scotland in 2002)
⊙ p. 72

22
George Stubbs
Een bruin paard en een schimmel
worden gevoerd door een stalknecht,
c.1765-1770
Doek, 100,3 x 124,5 cm
Berkeley Castle, The Berkeley Will Trust
⊙ p. 75

23
George Stubbs
Lord Torringtons jachtpersoneel vertrekt
vanuit Southill, Bedfordshire, c.1767
Doek, 61 x 105 cm
Mount Stuart, The Bute Collection
⊕ pp. 42-43

24
George Stubbs
Studie van Eclipse, c.1769
Doek, 64,7 x 78 cm.
Londen/Hertfordshire,
Royal Veterinary College
⊕ p. 79

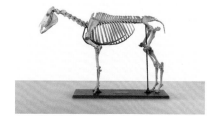

25
Ozias Humphry
Studie voor een portret van George
Stubbs, 1777
Zwart en wit krijt op bruin papier,
42 x 37,4 cm
Trustees of the Rt Hon. Olive, Countess
Fitzwilliam's Chattels Settlement, by
Permission of Lady Juliet Tadgell
⊕ p. 8

26
Eclipse (1764-1789)
Skelet, 167 x 55 x 246 cm
Londen/Hertfordshire,
Royal Veterinary College
⊕ p. 82

Literatuur

Bij het schrijven van deze publicatie is gebruik gemaakt van de Engelstalige catalogus die eveneens verscheen bij de tentoonstelling: M. Postle, J. Uglow, N. Clee et al., *George Stubbs: 'all done from Nature'*, MK Gallery (Milton Keynes), Mauritshuis (Den Haag) 2019-2020

Verdere literatuur

R. Blake, *George Stubbs and the Wide Creation: Animals, people and places in the life of George Stubbs*, Londen 2006

N. Clee, *Eclipse: The Horse that Changed Racing History Forever*, New York 2013

T. Doherty, *The Anatomical Works of George Stubbs*, Londen 1974

J. Egerton, B. Taylor, *George Stubbs: Anatomist and Animal Painter*, Londen (Tate) 1976

J. Egerton, *George Stubbs 1724–1806*, Londen (Tate) 1984

J. Egerton, *George Stubbs, Painter. Catalogue Raisonné*, New Haven-Londen 2007

N.H.J. Hall, *Fearful Symmetry: George Stubbs, Painter of the English Enlightenment*, New York 2000

K. Harker, *Whistlejacket & Scrub: Large as Life – The Great Horse Paintings of Stubbs*, Leeds (City Art Gallery) 2008

K. Hearn, S. Daniels, *Horses and Landscapes: George Stubbs at Welbeck*, Welbeck (Harley Gallery) 2008

A. Kidson, *George Stubbs: A Celebration*, Liverpool (Walker Art Gallery) 2006

C. Lennox-Boyd, R. Dixon, T. Clayton, *George Stubbs: The Complete Engraved Works*, Culham-Abingdon 1989

V. Morrison, *The Art of George Stubbs*, New Jersey 1989

M. Myrone, *George Stubbs*, Londen 2002

C.-A. Parker, *Mr Stubbs – The Horse Painter*, Londen 1971

H.W. Rott (red.), *George Stubbs 1724–1806: Science into Art*, München (Neue Pinakothek) 2012

N. Savage, *The Beauties of the Horse: Drawings by George Stubbs and Related Materials for Artists at the Royal Academy of Arts*, Londen (Royal Academy of Arts) 2002

B. Taylor, B. Robertson, *George Stubbs, 1724–1806*, Londen (Whitechapel Art Gallery) 1957

B. Taylor, *Stubbs in the 1760s*, Londen (Thomas Agnew & Sons) 1970

B. Taylor, *Stubbs*, Londen 1971

M. Warner, R. Blake, *Stubbs & the Horse*, Londen (The National Gallery), Forth Worth (Kimbell Art Museum) 2005

A. Wright, *Stubbs and the Wild*, Bath (The Holburne Museum) 2016

Colofon

Deze publicatie is verschenen bij de tentoonstelling
George Stubbs – De man, het paard, de obsessie
Mauritshuis, Den Haag, 20 februari – 1 juni 2020.

George Stubbs: 'all done from Nature'
MK Gallery, Milton Keynes, 12 oktober 2019 –
26 januari 2020.

De tentoonstelling is georganiseerd door
MK Gallery en het Mauritshuis.

Auteur
Lea van der Vinde

Tekstredactie
Dorine Duyster

Vormgeving
Gert Jan Slagter

Productie
Stichting Koninklijk Kabinet van Schilderijen
Mauritshuis, Den Haag

Uitgever
Waanders Uitgevers, Zwolle

Druk
Wilco Art Books, Amersfoort

© Waanders Uitgevers, Uitgeverij de Kunst b.v.,
Zwolle / Stichting Koninklijk Kabinet van Schilderijen
Mauritshuis, Den Haag

ISBN 978 94 6262 282 1
NUR 644

www.mauritshuis.nl
www.uitgeverijwaanders.nl

Mauritshuis

MK Gallery

Fotoverantwoording

Het beeldmateriaal is afkomstig van de in de
bijschriften vermelde eigenaren. Daaraan kan worden
toegevoegd: pp. 2, 44-45, 47, 50: © The National
Gallery, Londen; p. 10: Trustees of Lt Col Roger Sutton
Nelthorpe Will Trust; pp. 11, 37: Royal Collection
Trust / © Her Majesty Queen Elizabeth II 2020;
pp. 14, 17-26, 29: © Royal Academy of Arts, Londen
(p. 25: foto John Hammond); pp. 34, 60-61, 63, 64, 69:
© Tate; p. 35: By permission of the trustees of the
Goodwood Collection; p. 46: Country Life Picture
Library A.E. Henson; p. 48 (links): Tate: Presented by
the artist 2006 / Mark Wallinger. All rights reserved,
DACS 2020; p. 48 (rechts): Guy Marineau 2001; p. 66:
foto Zeno Colantoni 2010; pp. 73, 87: © National
Trust; pp. 76, 79, 81-82: Courtesy Royal Veterinary
College; p. 78: The Baltimore Museum of Art: William
Woodward Collection, BMA 1956.282; pp. 80, 83:
Reproduced by permission of The Jockey Club;
p. 87: Mount Stuart, The National Trust, from The
Londonderry Collection at Mount Stewart Gardens,
Co Down, Northern Ireland

Omslag voorzijde
George Stubbs, *Whistlejacket*, c.1762
Londen, The National Gallery

Binnenflap voorzijde
George Stubbs, *Merries en veulens in
een rivierlandschap* (detail), c.1763-1768
Londen, Tate

Binnenflap achterzijde
George Stubbs, *De Turkse schimmel van de
hertog van Ancaster met een Turkse stalknecht
in Creswell Crags* (detail), c.1763-1764
The Trustees of the Grimsthorpe &
Drummond Castle Trust Limited

Omslag achterzijde
George Stubbs, *Studie voor 'De Vijftiende
Anatomische Tabel voor de Spieren [...] van
het Paard'* (detail), c.1756-1758. Londen,
Royal Academy of Arts

Details

pp. 2, 44 en 50
George Stubbs, *Whistlejacket* (detail), c.1762
Londen, The National Gallery

p. 7
George Stubbs, *Gimcrack, met John Pratt,
op de Newmarket Heath* (detail), c.1765
Cambridge, The Syndics of the Fitzwilliam
Museum, University of Cambridge

p. 14
George Stubbs, *Studie voor 'De Achtste
Anatomische Tabel voor de Spieren [...] van het
Paard'* (detail), c.1756-1758
Londen, Royal Academy of Arts

p. 29
George Stubbs, *Studie voor 'De Vijftiende
Anatomische Tabel voor de Spieren [...] van
het Paard'* (detail), c.1756-1758. Londen,
Royal Academy of Arts

p. 30
George Stubbs, *Portret van Joseph Smyth
Esquire, luitenant van Whittlebury Forest,
te paard* (detail), c.1762-1764
Cambridge, The Syndics of the Fitzwilliam
Museum, University of Cambridge

p. 62
George Stubbs, *De Arabische hengst van de
markies van Rockingham, door een stalknecht
begeleid door Creswell Crags* (detail), c.1765-1766
Edinburgh, National Galleries of Scotland

p. 78
George Stubbs, *Studie van Eclipse* (detail), c.1769
Londen/Hertfordshire, Royal Veterinary College

pp. 88-89
George Stubbs, *Een bruin paard en een schimmel
worden gevoerd door een stalknecht* (detail),
c.1765-1770
Berkeley Castle, The Berkeley Will Trust